学級づくりがうまくいく

全校一斉方式 ソーシャルスキル教育

小学校

伊佐貢一 [編集]

図書文化

まえがき

　子どもの数は減少しつづけているなかで，不登校の数は増加の一途をたどってきました。ようやく歯止めはかかってきたものの子どもたちの学校不適応問題は依然として深刻な状況にあります。学校不適応問題の要因として，子どもたちの人間関係形成能力の低下が指摘され，いま，学校では学力向上とともに大きな課題となっています。この課題を解決する具体的な方法として「ソーシャルスキル教育（Social Skills Education を略して以後 SSE とよぶ）」が注目され，取組みを進める学校も増えてきました。

　「子ども同士がつながることがむずかしくなってきている，何とかしなければならない。」という問題意識は，学級崩壊という言葉が使われ始めた1990年代後半ころから急激に高まったと思われます。当時，学級の全児童を対象として SSE を行うことは，先進校の研究でようやく始まったばかりであり，一般の学校には実践方法やプログラムは紹介されていませんでした。また，集団に対してそのようなことをしてよいのかという声も聞かれました。そのようなことは，「集団に対して画一的な反応を教え込む」という SSE に対する誤解からくるものでした。

　1999年ごろ，わたしは，C.A. キングらのプログラムを参考に，SSE プログラムを作成して実践し始めました。実践によって生ずる課題を改善するサイクルを繰り返していくうちに，たどり着いたのが本書で提案する「全校一斉方式ソーシャルスキル教育」です。それは，ソーシャルスキルの般化（定着化）を学校文化のなかでどのように促進するかについての試行錯誤の結果だったといえます。

　現在，学校で SSE を推進しているリーダーの方で，校内の先生方の理解や取組みに温度差があってなかなか浸透しないという悩みをおもちの方は少なくないと思います。本書は，このような悩みを解決するために，学校規模の SSE のプログラムと指導方法を具体的に提案します。プログラムは，ともに実践をしてきた先生方に執筆いただくことができました。ですから，学校で指導される先生方や子どもたちにとって，現実味があるものになっていると思います。

　執筆いただいた先生方に心より感謝申し上げます。また，編集にあたって，いろいろとご支援くださった図書文化社の東則孝氏に感謝申し上げます。

　　　　　　　　　　　　　　　　　　　　　　　　　　　　　　2014年4月

　　　　　　　　　　　　　　　　　　　　　　　　　　　　　　伊佐　貢一

学級づくりがうまくいく
全校一斉方式ソーシャルスキル教育　小学校
―イラストいっぱいですぐできる指導案と教材集―

目　次

まえがき・2

第1章　ソーシャルスキル教育
1　ソーシャルスキル教育の必要性・8
2　学級づくりを支える学校規模のソーシャルスキル教育・10
3　ソーシャルスキル教育の進め方・12
4　全校一斉方式SSEとその進め方・14
5　全校一斉方式SSEと般化を促す工夫・20
6　全校一斉方式SSEと生活目標の統合・23
7　全校一斉方式SSEを進めるうえでの留意点・25
8　全校一斉方式SSEのターゲットスキルと指導計画・26

第2章　全校一斉方式SSE（ソーシャルスキル教育）プログラム
1　ソーシャルスキルを学ぼう・36
　　・ねらい　・学習の流れ　・全校での学びの進め方

2　気持ちのよいあいさつをしよう・42
　　・ねらい　・学習の流れ　・全校での学びの進め方　・学級での学びの進め方［低学年］
　［中学年］［高学年］　・ふりかえりカード　・トライ・トライカード　・生活指導だより

3　友達の話を上手に聴こう・56
　　・ねらい　・学習の流れ　・全校での学びの進め方　・学級での学びの進め方［低学年］
　［中学年］［高学年］　・ふりかえりカード　・トライ・トライカード　・お助けシート
　　・上手な聴き方の学習の留意点

4　仲間に入ろう　友達をさそおう・72
　　・ねらい　・学習の流れ　・全校での学びの進め方　・学級での学びの進め方［低学年］

［中学年］［高学年］　・ふりかえりカード　・トライ・トライカード

5　やさしい頼み方を身につけよう・84
　　・ねらい　・学習の流れ　・全校での学びの進め方　・学級での学びの進め方［低学年］［中学年］［高学年］　・ふりかえりカード　・トライ・トライカード

6　あたたかいメッセージを伝え合おう①（ほめる・感謝）・96
　　・ねらい　・学習の流れ　・全校での学びの進め方　・学級での学びの進め方［低学年］［中学年］［高学年］　・学習後の定着化（般化）について　・トライ・トライカードについて　・コラム［縦割り班活動であたたかいメッセージを伝える①］

7　あたたかいメッセージを伝え合おう②（励ます・気づかう）・110
　　・ねらい　・学習の流れ　・全校での学びの進め方　・学級での学びの進め方［低学年］［中学年］［高学年］　・ふりかえりカード　・「トライ・トライカード」の活用の仕方　・トライ・トライカード　・指導のポイント　・コラム［縦割り班活動であたたかいメッセージを伝える②］

8　友達の気持ちを考えて，あたたかいメッセージを伝え合おう・128
　　・ねらい　・学習の流れ　・全校での学びの進め方　・学級での学びの進め方［低学年］［中学年］［高学年］　・ふりかえりカード　・トライ・トライカード

9　上手な断り方を身につけよう・140
　　・ねらい　・学習の流れ　・全校での学びの進め方　・学級での学びの進め方［低学年］［中学年］［高学年］　・ふりかえりカード　・トライ・トライカード

10　不平・不満の言い方を身につけよう・152
　　・ねらい　・学習の流れ　・全校での学びの進め方　・学級での学びの進め方［低学年］［中学年］［高学年］　・ふりかえりカード　・ストレスすっきりカード　・コラム［新1年生にソーシャルスキルを伝えよう］

参考資料・166

第1章
ソーシャルスキル教育

この一冊で，全校児童にソーシャルスキル教育を行うこ
「全校一斉方式ソーシャルスキ

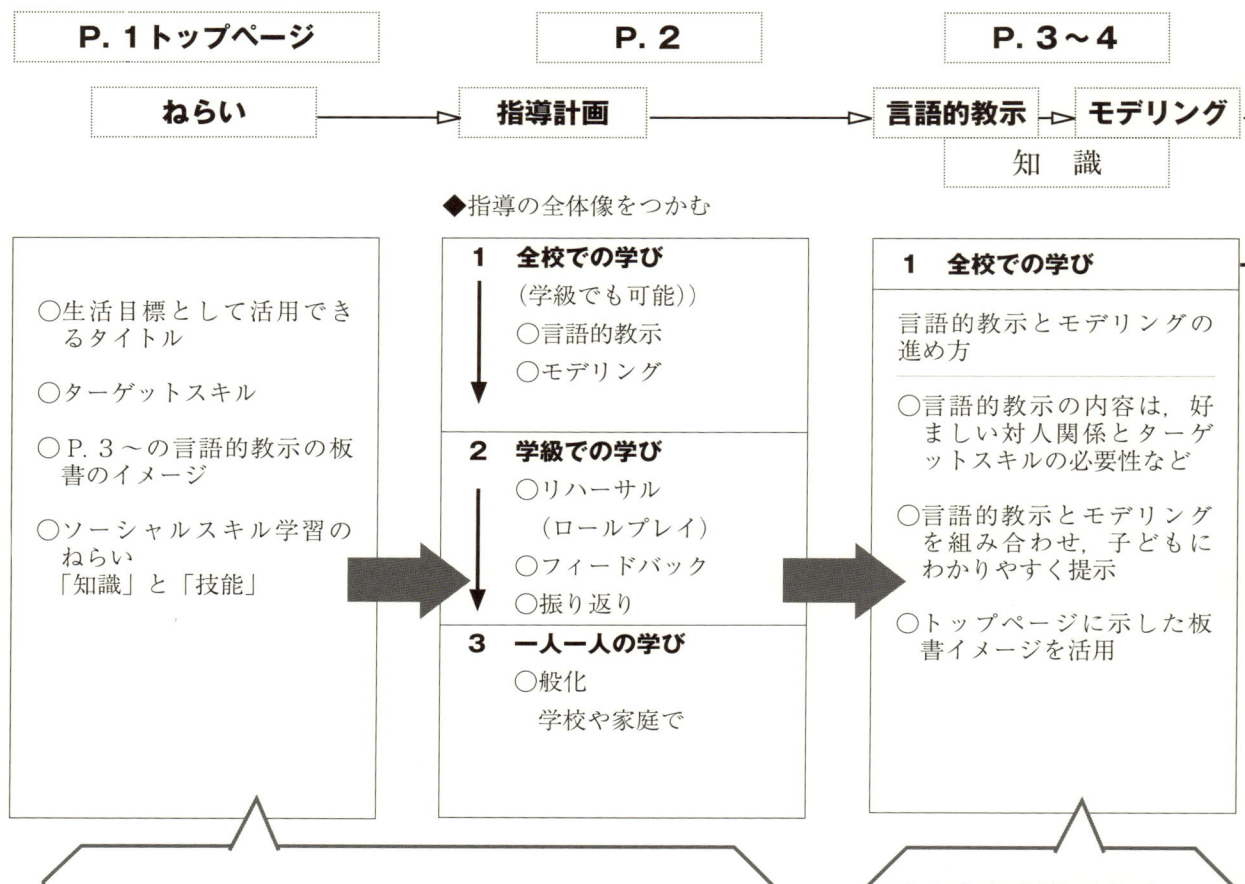

とができます！　もちろん学級単独でも実施できます
ル教育」の進め方と本書の見方

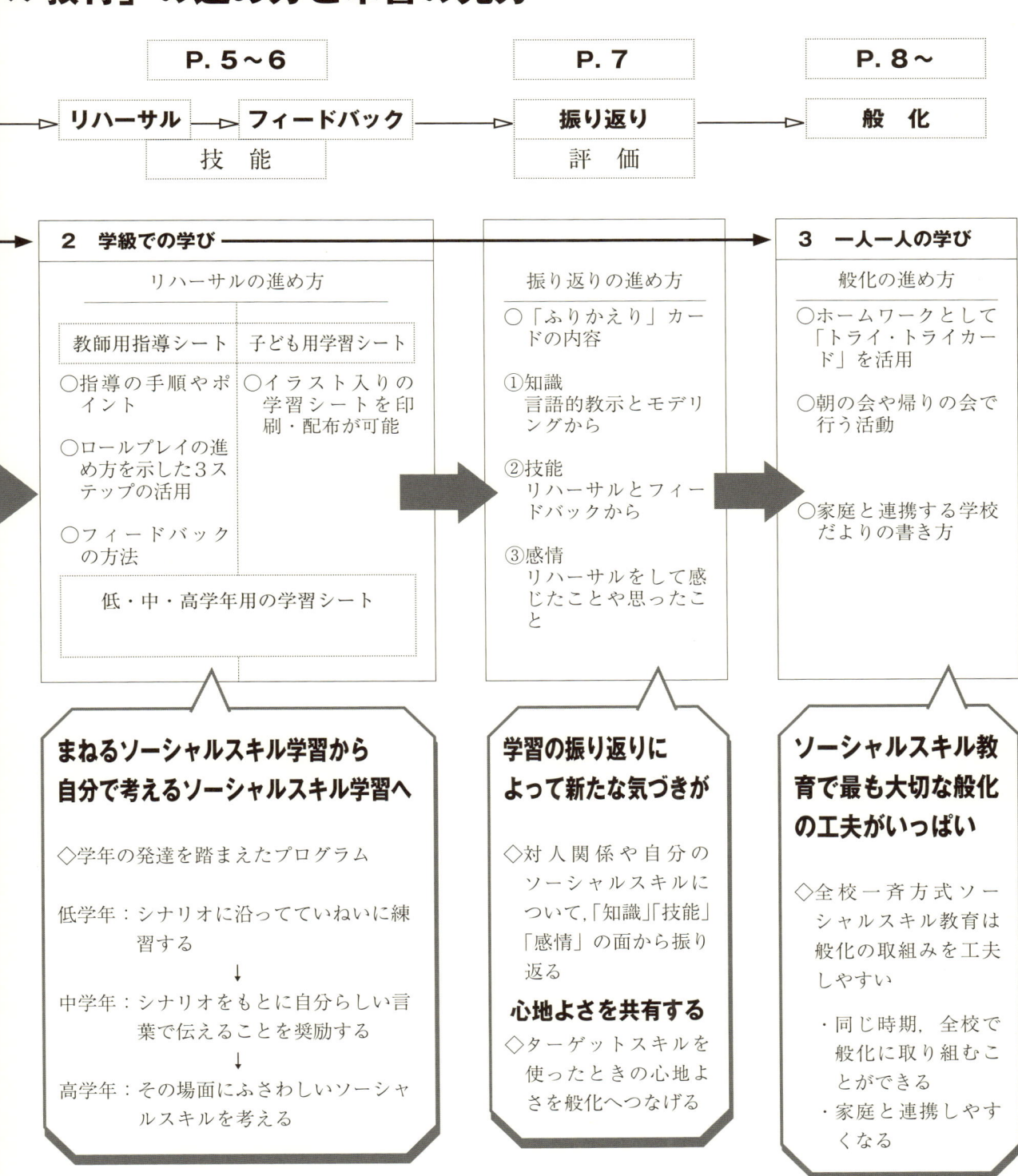

第1節　ソーシャルスキル教育の必要性

1　よりよい人間関係を形成する力を育てる

　自分に自信がもてず，学習や将来の生活に対して無気力であったり，不安を感じたりしている子どもが増加するとともに，友達や仲間のことで悩むなど，人間関係の形成が困難かつ不得手になっている子どもが増えています（平成20年，中央教育審議会答申）。子どもたちの人間関係を形成する力の低下は，学校現場でも大きな課題となっています。例えば，人に何かしてもらったら「ありがとう」とお礼を言う，迷惑をかけたら「ごめんなさい」と謝るなど，身についてあたりまえと思われてきたことに対して，支援をしなければならないことが多くなっています。

　子どもたちの対人関係能力が低下した要因として，ソーシャルスキルの未熟さが指摘されるようになりました。ソーシャルスキルとは，円滑な対人関係を形成するために必要な「知識」と「技能」です。人付き合いのコツといわれることもあります。近年，幼児期や児童期における仲間関係のトラブルやその後の社会的不適応とソーシャルスキルが関連していることが明らかになったことで，早期介入の必要性が高まりソーシャルスキル・トレーニング（Social Skills Training，以下SST）が行われるようになりました。

　ソーシャルスキルは，学習によって獲得されます。かつては，ソーシャルスキルを学ぶ特別な時間などありませんでした。子どもは，身近な人々とのふれあいを通して自然に学び身につけてきたからです。ところが，地域社会や家族関係，子どもたちの遊びなどが変化し，人間関係の希薄化が進むにつれて，ソーシャルスキルを学ぶ機会も減ってきました。このような環境のなかで，ソーシャルスキルの不足は一部の子どもの問題ではなく，広く一般の子どもの問題になりつつあるのです。

　そこで，ある集団に所属するすべての子どもにソーシャルスキルを教育する取組みが始まりました。これを，ソーシャルスキル教育（Social Skills Education，以下SSE）といいます。学校は，ソーシャルスキルを教える場に適しています。なぜなら，それを教える教師と，学んだスキルを発揮する仲間がいるからです。ソーシャルスキルを教えるのは，家庭や社会の役割であるという指摘がありますが，現況を招いた経緯を考えると，いま，この論をいくら展開しても目の前の子どもたちの状態は改善しません。学校は，子どもたちのよりよい人間関係を形成する力を育成するためにSSEを取り入れる必要があると考

えます。それは，次項で述べるように学校のさまざまな教育課題を解決することになるからです。

2　親和的な学級集団を育成する

　学校でSSEを行うもう一つの理由は，教育力のある学級集団を育成するためです。「学校へ行ってきます」は「学級へ行ってきます」と言いかえることができるほど，子どもたちは1日のほとんどを学級ですごしています。学級は，集団で学習する場であると同時に生活する場です。河村茂雄氏（早稲田大学）は，学級集団の状態は，「学力」「いじめの発生率」「特別支援教育」等に大きな影響を及ぼしていることを明らかにし，これらの学校課題を解決するために「親和的でまとまりのある建設的な学級集団」を育成することが重要であると述べています。

　ところが，親和的でまとまりのある学級集団の育成がむずかしくなっています。前述のように人とつながることが苦手な子どもが多くなっているためです。かつては，子どもが教室に集まると，子どもたちの間にある程度のつながりが生まれました。そこに，先生が少しずつ生活や活動のルールを与えることによって集団として機能するようになりました。

　しかし，最近は，教室に集まった子どもたちが，自分たちの力でつながっていくことがなかなかできなくなっています。例えば，小学校に入学したばかりの1年生が集団行動がとれない，授業中に座っていられない，一斉指導の話を聞かないなどの状態が数か月継続する「小1プロブレム」が問題になっています。仲間同士のつながりがないため，学級担任に支援や賞賛を求めてきます。学級担任は，このような子どもたちに誠実に対応しようとします。いつしか，図1のように教師と子どもの「1対1」の関係が強くなり，個別対応型の学級経営になっていくケースが増えています。これでは，いつまでたっても集団は育ちません。そこで，図2のように，まずペアの活動から始め，3〜4人の小集団，6〜8人以上の中集団（図3）へと活動を段階的に広げていくようにします。その際，「相手の話を最後まで聴く」，「仲間にさそう」，「相手が嫌がることを言わない」などのソーシャルスキルが必要になります。親和的な学級集団を育成するためには，生活や活動のルールと一緒に，ソーシャルスキルを対人関係のルールとして指導していく必要があります。

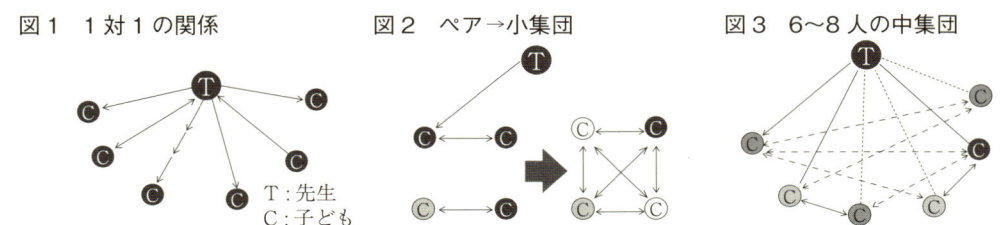

図1　1対1の関係　　図2　ペア→小集団　　図3　6〜8人の中集団

第2節　学級づくりを支える学校規模のソーシャルスキル教育

1　学校で行うSSEの広がり

学校では，図4のようなSSEが行われるようになりました。

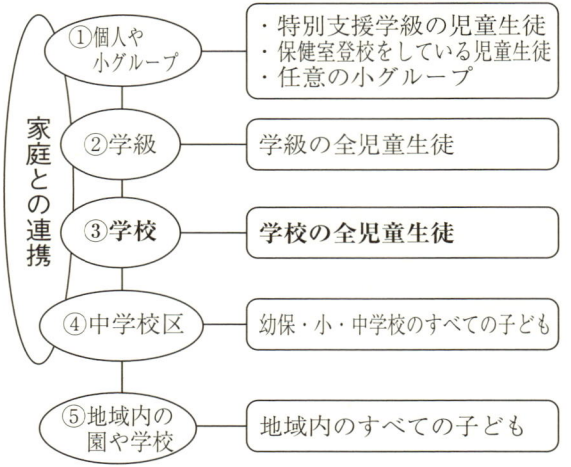

図4　学校で行うソーシャルスキル教育

①個人や小グループで行う

仲間関係に不安を抱いている子や集団適応がうまくいかない子どもなどを支援するために実施します。

放課後，希望者を集めて小グループをつくりトレーニングしている学校もあります。これらは，適応指導教室や教育センターなどの援助サービスと似た役割を果たしています。留意点は，保護者の了解を得る手続きをとることです。

②学級を単位として行う

学級担任が，学級の全児童生徒に対人関係のルールやマナーを学ばせるために，授業や朝会・終会などで実施します。②～⑤は社会不適応を予防し，よりよい人間関係を築く力を育成することをめざして行われます。

③学校全体で行う

全校の児童生徒を対象として教職員が連携し，全校体制で実施します。本書は，その具体的な方法や内容を示しています。

④中学校区の学校等が連携して行う

社会性発達を連続して支援するために，保育所・幼稚園，小学校，中学校が連携して，プログラムに一貫性をもたせて実施します。学校間連携の重要性は，昔から叫ばれてきましたが，社会性育成の必要感の高まりのなかで取組みが進みつつあります。

⑤地域全体で行う

教育委員会等がリードして，当該地区の子ども全体を対象にした社会性発達を支援する総合プログラムを作成しているところもあります。

SSEを行う範囲が広がった理由として次のことが考えられます。一つは，ソーシャル

スキルの不足は，一部の子どもの問題ではなく，広く一般の子どもの問題であると考えられるようになったためです。

もう一つは，学習したスキルの般化（定着化）を促す環境をつくるためです。例えば，個人や小グループで集団適応を促すためにSSTを行っても，対象児の学習を交流学級の子どもが理解して受け入れなければ，対象児が学習したスキルを実行することは困難です。そこで，学級全体でソーシャルスキルを学習することが考えられるようになりました。

ところが，ある学級でSSEを実施しても，ほかの学級や学年が実施していないと不都合なことが出てきます。例えば，あたたかいメッセージの大切さを学習した子どもが，教室を出た途端にほかの子どもに傷つくような言葉を投げかけられることがあり，学習したスキルの般化が停滞することです。このようなことは，小学校と中学校の間，学校と家庭の間にも起こります。つまり，子どもを取り巻くより多くの人がソーシャルスキルを意識する環境が大切になります。考えてみると，子どもがソーシャルスキルを自然に身につけていた時代は，地域社会にこのような教育力があったのかもしれません。

一方，範囲が大きくなればなるほど，課題も多くなります。最大の課題は，指導者のSSEに対する温度差です。図4の③～⑤はいずれも，学校を単位として取り組みます。学校は一つの組織体である以上，この課題を克服する必要があります。

2　学級づくりの土台となる学校規模のソーシャルスキル教育

学級集団の状態を把握する心理検査Q-U（学級集団アセスメント）が，全国に広まっています。開発者である河村茂雄氏（早稲田大学）は，Q-Uの全国調査から図5のような構図があることを示唆し，下位のカテゴリーが確実に，上位のカテゴリーを規定していると述べています。

地域の特徴によって生ずる課題を，学校体制で一定レベルまで解決することで，親和的な学級集団の育成が進めやすくなります。いま，地域や学校の課題を背負いながら学級経営を進めている学級担任は少なくありません。学級担任が親和的な学級集団を育成しやすくするために，その土台づくりとして学校規模のSSEを行います。

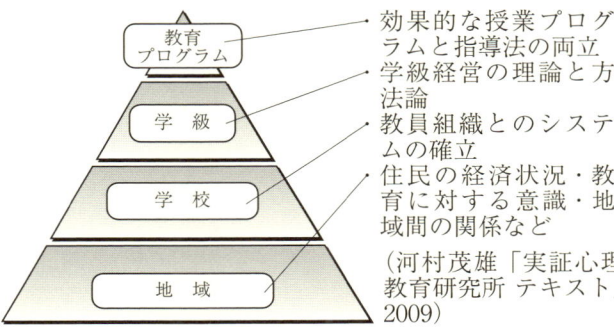

図5　Q-Uの全校調査から見えてきたこと（河村茂雄）
～教育実践の成果は学校経営の問題である～

・効果的な授業プログラムと指導法の両立
・学級経営の理論と方法論
・教員組織とのシステムの確立
・住民の経済状況・教育に対する意識・地域間の関係など

（河村茂雄「実証心理教育研究所 テキスト」2009）

第3節　ソーシャルスキル教育の進め方

　ソーシャルスキルは，子どもたちが生活するなかでさまざまな人に出会い，ふれあうなかで自然に学んでいくものです。あいさつを例にとって，考えてみましょう。

　親や祖父母など身近な大人に，「近所の人に会ったときは，『おはようございます』とあいさつしなさい」と言葉で教えられます（言語的教示）。子どもは，言われたとおり近所の人に会ったときあいさつをします。その結果，近所の人に「きちんとあいさつができていい子ね」とほめられます。よい結果を得た子どもは，次に近所の人に会ったときも同じ行動をとろうとします。しかし，あいさつをしても，相手からあいさつが返ってこなかったとしたら，次にその人に会ったときあいさつはしないでしょう。このように，行動の結果からスキルが定着したり，消失したりしていきます（オペラント条件付け）。

　また，兄が「よろしくお願いします」というあいさつをしたとき，相手がにこにこしながらあいさつを返している場面を見た弟は，同じ行動をとるようになります。相手の反応や兄のあいさつの仕方を観察して，それを真似る行動です（モデリング）。

　真似るという行動をとる前に，自分の頭のなかで何回か「よろしくお願いします」と練習してから（言的リハーサル）実行します。「はきはきしたあいさつだね」と，褒められれば（フィードバック），子どもは，自信をもって，次も同じスキルを実行しようとするでしょう。

　ソーシャルスキル・トレーニングは，このメカニズムをもとに「言語的教示（インストラクション）」「モデリング」「リハーサル（ロールプレイ）」「フィードバック」を取り入れて行います。集団に対して行うSSEも，集団という点に留意しながら基本的な四つの原理を用いて進めます。この過程は，「言って聞かせ」「やってみせ」「させてみて」「ほめる」と言いかえることができます。その際，学習者の意識を次のように変化させることを意図します。

		学習者の意識の流れ
①言語的教示（インストラクション）	（言って聞かせ）	大切なことだな
②モデリング	（やってみせ）	自分にもできそうだな
③リハーサル	（させてみて）	いい気持ちだな
④フィードバック	（ほめる）	スキルを実行してよかったな
⑤般化	（定着させる）	これからもこのスキルを使っていこう

①**言語的教示（インストラクション）**

　よりよい人間関係を結ぶためには，どのような言葉かけや立ち振る舞いが大切かを言葉で教えます。その際，身につけさせようとするスキル（ターゲットスキル）がなぜ必要なのかを理解させることによって，学習の動機づけを行います。そして，ターゲットスキルを使用した場合のメリット，使用しなかった場合に起こる問題や不利益などを取り上げ，子どもたちがターゲットスキルの重要性に気づくことができるようにします。

②**モデリング**

　ターゲットスキルを使用している場面を短い劇やVTRなどで示し，その様子を観察して模倣させる学習です。観察する内容は，ターゲットスキルの実行の仕方とターゲットスキルを実行したときの相手の反応です。相手の反応については，ロールプレイで好ましいモデルと好ましくないモデルを対比させて示すと効果的です。モデルは，教師同士や教師と子ども，子ども同士などで行うことがあります。モデルを示して，気づいたことを話し合うこともモデリングです。

③**リハーサル（ロールプレイ）**

　ターゲットスキルを何回も繰り返して反復練習することをリハーサルといいます。リハーサルには，行動リハーサルと言語リハーサルがあります。行動リハーサルの一つとして，ロールプレイでターゲットスキルを実行する方法が用いられます。ロールプレイをする場合，子どもたちの生活のなかに起こりうる場面を取り上げることが大切です。また，シナリオを活用する場合は，子どもたちの世界を表現したものであることに留意しなければなりません。なぜなら，子どもが違和感を感じるようなシナリオを与えてリハーサルさせても，その後の般化（定着化）が期待できないからです。

④**フィードバック**

　リハーサルを適切に実行している場合は称賛や承認を与え，不適切な場合は修正を求めます。ソーシャルスキルは，フィードバックによって磨かれるといわれます。ソーシャルスキルを実行した人は，受け手や観察者などの他者がどのように感じたかを教えてもらい，修正していくことによって適切性や効果性を高めていきます。

⑤**般化（定着化）**

　学習したスキルを，日常生活のさまざまな場面や人に対して実行することを般化といいます。般化は，SSEで最も重要なことであると同時に，最もむずかしい課題でもあります。このことについては後述します。

第4節　全校一斉方式 SSE とその進め方

1　全校一斉方式 SSE

　学校規模で SSE を行う方法を本書では「全校一斉方式 SSE」と名づけました。特徴は図6のように,「全校での学びの場」と「学級での学びの場」を設け,連続した学習として構成し,全校がいっせいに同じターゲットスキル（ねらいとするスキル）を学習することができるようにしている点です。

　全校での学びとして「言語的教示（インストラクション）」と「モデリング」を,学級での学びとして「リハーサル」と「フィードバック」を行います。そして,学んだソーシャルスキルを,日常生活のなかで実践させ定着化を促す流れになっています。

　全校での学びの部分を学級で行うことによって,学級ごとに実施することも可能です。

図6　全校一斉方式 SSE

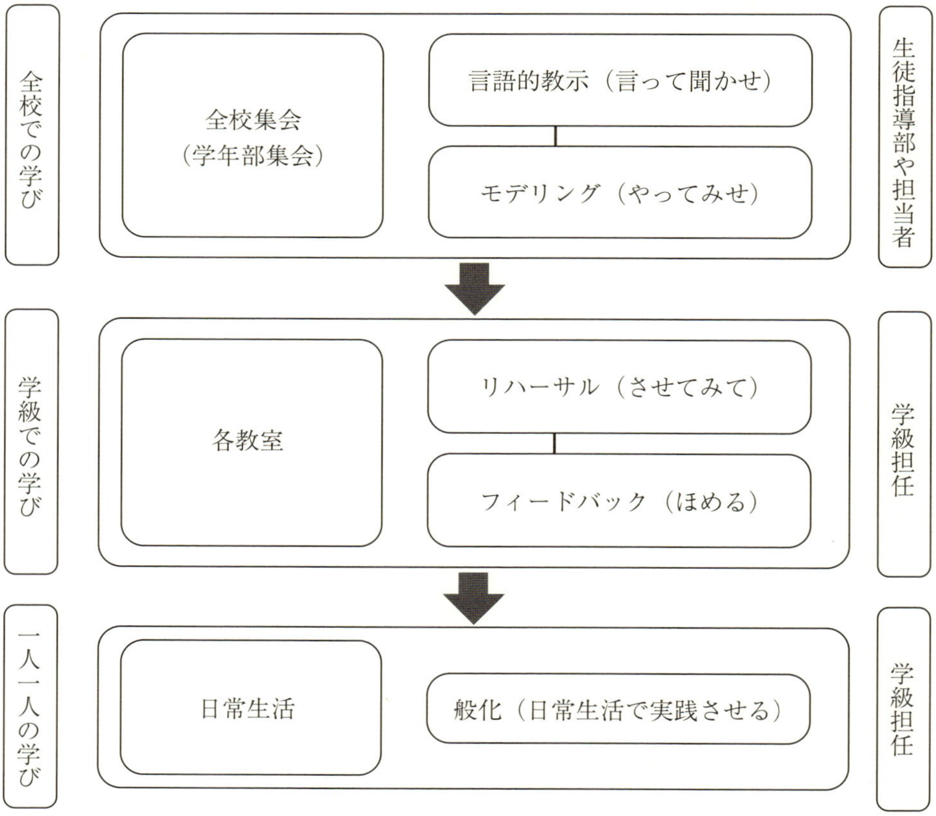

区分	場所	内容	担当
全校での学び	全校集会（学年部集会）	言語的教示（言って聞かせ）／モデリング（やってみせ）	生徒指導部や担当者
学級での学び	各教室	リハーサル（させてみて）／フィードバック（ほめる）	学級担任
一人一人の学び	日常生活	般化（日常生活で実践させる）	学級担任

第4節　全校一斉方式SSEとその進め方

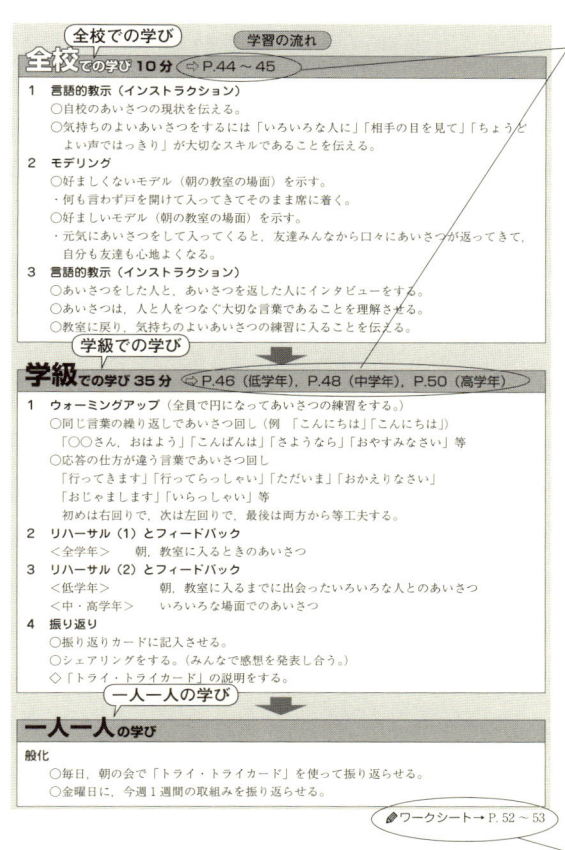

ここに示されたページに
実際の進め方を掲載していきます。

　第2章では，全校一斉方式SSEを各学校で実施する際の実践例を，スキルごとにまとめて掲載しています。

・ターゲットスキル
・板書例イメージ
・全体の雰囲気がひと目でわかるイラスト
・ねらい

に続き，左のような「学習の流れ」を示しています。この「学習の流れ」で全体像をつかんだあと，この流れにそって

・全校での学び
・学級での学び
・一人一人の学び

を実践させていきます。

子どもに記入させる「ふりかえりカード」「トライ・トライカード」等のページを示しています

2　全校一斉方式SSEの進め方

全校での学び　　＊この部分を学級で行うこともできます。

(1) 言語的教示（インストラクション）

　全校児童に対して，ターゲットスキルについて言語的教示を行います。インストラクションとは言語的教示のことです。本書では，ポイントを絞って端的に伝えるためにモデリングとの組合せを工夫して構成しています。モデリングとの組合せとは，観察させたいモデルを見せた後にインストラクションを行ったり，モデルをさきに示し，その後インストラクションを行ったりすることです。ターゲットスキルを板書用カードなどで掲示して補足説明することは，インストラクションです。モデルを観察して気づいたことを述べたり話し合ったりすることはモデリングです。

　ターゲットスキルは，原則として一つ一つの行動に分け，板書用カードなどを用いて示

します。例えば,「上手な話の聴き方」であれば「いましていることをやめて」「相手の目を見て」「うなずきや相づちを入れながら」聴き,「関係のあるコメントを返す」とします。

> ◆ 留意点
> 1年生から6年生までを対象にしていることから,低学年にもわかる言葉や内容にすること。

(2) モデリング（観察学習）

　ターゲットスキルを用いている場面をモデルとして示し,子どもたちに観察させます。子どもたちの観察のポイントは,二つあります。
　①ターゲットスキルをどのように実行しているか
　②ターゲットスキルを実行することによって相手にどのような影響を与えているか
　最近は,自分の言動が相手に与える影響を推察することが苦手な子やそれらに関心がない子が多くなっています。そこで,好ましいモデルと好ましくないモデルを対比させ,受け手の反応を観察させることで子どもたちが自ら気づくようにします。その際,受け手にインタビューしたり,観察学習している子どもに問いかけたりしながらていねいに確認していきます。
　SSEでは,好ましいスキルを実行することだけでなく,「好ましくないスキルを実行しない」ことも重要です。好ましくないソーシャルスキルの抑制は,モデリングが中心になります。そこで,子どもたちにある程度インパクトを与えるモデルを提示する必要があります。反面,刺激が強すぎるとその印象が強く残り,好ましくないスキルが学習されてしまう心配があります。これらのことを考慮して内容を吟味します。
　リハーサルで,好ましくないモデルのロールプレイを実際に行わせ,子どもに「どのような気持ちになるか」と問う学習を行う人がいます。SSEでは,このような方法を用いないほうがよいでしょう。その理由は,二つあります。
　①ロールプレイでも心理的なダメージを負うことがあること
　②好ましくないスキルを学習してしまう可能性があること

> ◆ 留意点
> 子どもの実際の生活場面を切り取って提示し,子どもが自ら気づくようにする。

放課後 30 分の職員研修で効果的なモデリングの準備をする

　観察学習をしている子どもの心に響くようなモデルを提示できるかどうかが，学習を動機づけるきわめて重要なポイントになります。効果的なモデルを提示するためには，準備が必要です。そこで，モデルを提示する 2 〜 3 日前の放課後，先生方が集まり，実践編に示したシナリオを活用して練習します。練習しながら，自校の子どもたちの実態に即してシナリオを修正していきます。その際，次のような観点からモデルを見直します。

　①（自校の）子どもたちの生活に近い場面か
　②（自校の）子どもたちの言動を反映しているか
　③学習後，（自校の）子どもが実行可能な言動か
　④行動の順序は（自校の）子どもの生活に合っているか

　指導者側の意図が強すぎると，子どもたちの生活とかけ離れたモデルになってしまいます。このようなモデルは，観察学習としての効果が期待できないばかりか，子どもたちに抵抗感を与えるため，リハーサルへの意欲をかえって低下させます。

　子どもたちの気づきにつながるモデリングかどうか検討する場合，好ましくないモデルを提示したとき，高学年が苦笑いするようなモデルを用意することを一つの目安にしてください。苦笑いをしている子どもは「そういうことってよくあるな」という気持ちになっているのです。

　このような研修会は，次のような効果も期待できます。

　①全校一斉方式 SSE に取り組む教員の温度差の減少
　②チームで取り組むという協働意識の醸成
　③子どもと SSE への理解を深める
　④教師自身のソーシャルスキルの向上

　SSE を行っていくと，年々，子どもの実態も変化していきます。モデルをワンパターンにすることなく，子どもの実態を見つめる目をもって，毎回モデルを更新することが大切です。

学級での学び

(3) リハーサル

　全校での学びの後，子どもたちを素早く教室に移動させ学級ごとにリハーサルを行います。教室に移動した後，気をつけなければならないことは，言語的教示を繰り返さないことです。学級担任は，教室に入った子どもたちを目の前にすると，もう一度ターゲットスキルの必要性などを確認したくなります。しかし，子どもたちの意識を大切にしてくださ

い。言って聞かせ、やってみせてきた過程を通して、子どもたちは「そうかもしれないな」「大切なことだな」という気持ちから「自分にもできそうだな」という意欲をもち始めています。このような意識の流れにストップをかけないことが大切です。そこで、子どもが教室に入った後は、即座にリハーサルを行うようにします。

ソーシャルスキルは、発達段階によってターゲットスキルを選択します。全校一斉方式SSEは、全校で同じターゲットスキルを学びます。そこで、学級でのリハーサルで、同じターゲットスキルを発達段階に応じて練習できるように工夫しています。

1年生から4年生くらいまでは、シナリオにそって楽しそうに学習する様子が見られます。この段階は、ソーシャルスキルの学習に適した時期といえるでしょう。5年生くらいになると、必然性がないなかで、決められたシナリオにそって練習することに抵抗を示す子どもが出てきます。これらのことを整理すると次のようになります。

○4年生くらいまでは、人から教えてもらいながらソーシャルスキルを学ぶ
○5年生くらいから上の学年では、いままでの学習を生かして場面に応じて自分で、ときには仲間と考え、試しながらソーシャルスキルを学ぶ

そこで、低・中・高学年の指導にあたっては、次のことを参考にしてください。

①低学年は、決められたシナリオによって楽しく学習することができます。同じスキルをいろいろな友達と練習させるようにします。
②中学年では、シナリオをもとに自分の言葉におきかえて表現する子どもたちの姿が多く見られますので、これを奨励するようにします。
③高学年では、場面に適した言葉を自分で考えて伝えたり、いろいろな場面に応じて伝え方を変えたりします。ペアやグループで考えたセリフなどを発表し合うことも活動性を高めるよい方法です。

高学年でも中学年用の学習内容が適している場合もあります。子どもたちの実態に応じて適した学習内容を選択するとよいでしょう。特に、SSEを実施する初年次は、子どもの抵抗を少なくするよう簡単なものを選ぶことが大切です。

◆ 留意点
　実生活で実行するためのリハーサルであって、「劇」のリハーサルではない。自分らしい言葉におきかえて伝えることや、実生活で使えるような自然な伝え方をすることを奨励したり促したりする。

(4) フィードバック

リハーサルを行っている子どもたちの様子を観察し、「その調子だよ」「いい感じだね」「伝

え方が上手だね」など肯定的なフィードバックを与え，自信をもたせるようにします。このようなフィードバックは，子どもたちの学習意欲を高めます。グループでせりふを考える場合は，修正のためのフィードバックの仕方を教える必要があります。「そんなのへんだよ」「おかしいよ」など全否定のフィードバックを受け取った子どもは，学習意欲が低下するためリハーサルが停滞します。そこで，「いまの言い方で，ここをこう変えるともっとよくなる気がするな」など，相手の考えを否定せず改善点を具体的に伝えるよう指導します。

　リハーサルがうまくできている子どもたちから，モデルとしてクラスの前でロールプレイを行ってもらうことも有効です。モデルの子どもたちが表現した後，クラスの前で賞賛を与えます。そのことで，好ましいモデルを確認するとともに，モデルを示してくれた子どもたちに自信をもたせることができます。自信をもった子どもたちは，日常生活で率先してターゲットスキルを実行しようとするため，学級内の般化が促進されます。

フィードバックと学習の振り返り

　前述のように，「フィードバック」はソーシャルスキルの実行に対してその効果性や適切性について，ソーシャルスキルの受け手や観察者などの他者が送り手に対して伝えることです。一方「学習の振り返り」とは，各教科の授業と同じように学習全体を自分自身で振り返ることです。

　振り返りは，SSEのねらいである，対人関係の「知識」を学び，「技能」を身につけるという二つの観点で行います。言語的教示やモデリングで「知識」として学んだこと，リハーサルやフィードバックを通して「技能」として学んだことについて，カードなどを使用して整理します。そのほか，ターゲットスキルを実行した感想も大切にします。各自の振り返りを伝え合う時間を設け，スキルを実行したときの「心地よさ」を確認し共有するようにします。

一人一人の学び

(5) 般化

　般化を促すために，学習後2週間程度意識してスキルを実行できるような取組みを行います。具体的には，次節の「般化を促す工夫」で述べます。

第5節　全校一斉方式SSEと般化を促す工夫

　般化とは，心理学で用いられる用語です。学校では，学習したスキルの定着化と考えてよいでしょう。SSE は，学習したスキルの般化と維持が最も重要です。しかし，その方法については，実践を積み重ねながら研究している途上にあるといえるでしょう。

　全校一斉方式 SSE は，学校というフィールドで学習したスキルの般化を促すにはどのようにしたらよいか，試行錯誤の末にまとまった形です。発達段階に応じ学年でターゲットスキルを選択する方法は，般化の取組みもそれぞれの学年で行うことになります。全校一斉方式 SSE は，同じターゲットスキルでも内容や学び方に発展性があるととらえることにより，全校でいっせいに学び，般化を促すことができるようにしました。

　例えば，ある学校では「あたたかいメッセージ」を学習した後，放送委員会が各学年であたたかいメッセージを伝えてもらってうれしかった経験をもつ人にインタビューし，お昼の放送で流していました。このほか，教室や校内にターゲットスキルを掲示したり，学校・学級通信を通じて保護者との連携を図ったりしている学校もあります。

　次に，般化を促す方法や工夫，ポイントなどについて具体的に述べることにします。

学習前

○モデリングは，子どもたちにとって現実味のあるものにすることがきわめて重要である。モデルは，子どもたちの世界で起こりうる場面，行動，会話等に近づけ，子どもたちが自分の生活を振り返ることができるようにする。
　本書のシナリオをヒントに，「自校の子どもならどうか」という視点で検討を加え，アレンジする。
○リハーサルで使用するロールプレイのシナリオは，子どもたちが生活のなかで使用することが可能であるか吟味する。

学習中（リハーサル）

○自分らしい言葉で伝えることを奨励する。
○リハーサルで子どもの様子を観察し，認めたり，励ましたりする。
○できるだけいろいろな相手と練習させる。

学習後

①学校における工夫

○般化を促すホームワークカードの活用

　ターゲットスキルを実行したことを，子どもがカードに記入して報告する。本書では「トライ・トライカード」とよび，各セッションの最後に掲載している。子どもにトライ・トライカードを活用してスキルの実行を報告させ，強化する。

・カードの使用期間は，2週間くらいが適当と思われる。
　2週間より長くなると，取組みに雑な部分が出始め，効果が期待できなくなる。指導者がていねいに取り組むことができ，子どもの関心や意欲を高めながら進められる期間である。

・間隔をおいて，2回目・3回目を行う場合もある。
　（強化スケジュールは，ターゲットスキルや子どもの実態に即して計画する）

・実践している子どもを，朝や帰りの会などを活用して紹介する。ターゲットスキルから発展した新しいスキルの実行（反応般化）があれば賞賛を与える。

○ターゲットスキルの掲示

・ターゲットスキルを掲示して，教師が折にふれて既習事項として想起させる。
・掲示の方法や場所を学校で統一すると，子どもも教師もターゲットスキルを意識しやすい。

○学級担任がモデルを示す

　子どもは，教師の言動をよく真似ることが知られている。そこで，教師はターゲットスキルを意識して，日常生活のなかでよいモデルを示すことが大切である。

○授業や教育活動の導入やまとめで取り入れる

　授業や行事などの導入あるいは事前指導で，既習のソーシャルスキルを想起させ，活動のなかで実行を促す。活動後，実行できたか振り返る時間を設ける。例えば，跳び箱の授業の前に「あたたかいメッセージ」を想起させる。跳び箱運動の授業のなかで，どのようなメッセージを伝えられるか確認する。授業後，あたたかいメッセージを伝えた人，伝えてもらった人からその様子を伝えてもらうなどの流れとなる。

　授業の場合，各教科等の「ねらい」を達成することが目的であって，ソーシャルスキルの般化を促すことが目的ではない。通常の授業において，ソーシャルスキルは手段であって目的ではないことに留意する。あたりまえのことであるかもしれないが，ソーシャルスキルの般化に熱心になるあまり，上記のような心配をする状況を見かけることがあるので，

あえて加筆する。

②家庭との連携

　ターゲットスキルを学校だけでなく家庭でも使うことによって，般化はいっそう促進されます。その際，受け手である子どもの家族に，そのことを理解して反応してもらえるよう働きかけなければなりません。

○学校（学級）通信の発行

　学習した内容を伝え，家庭で取り組むホームワークカードに協力してもらう依頼をする。可能であれば，SSEの授業を保護者に公開し，その日に通信を発行すると理解が深まる（第2章に紹介している学級通信等を参照）。

○家庭用カードの活用

　自分や家族が，学習したスキルを実行したことを記録する。例えば，「今日のご飯おいしいね」と伝えたとき，「そう言ってくれてうれしいな。また作ってあげるね」と応答することができれば，子どもは伝えてよかったと思うであろう。ほかの料理のときも言ってみようと思うかもしれない。

＜トラブル回避!?　不平・不満を言われたときの対応＞
★子どもたちが考えたスキル。役に立ってます！

　不平・不満を伝えられたほうも，カチンとくることがある。特に自分の非を責められるとなおさらである。ただ，その気持ちをそのまま伝えるとどうしても「オオカミの言い方」になり，互いの関係がより険悪なものになってしまう。

　わたしが以前「トラブルを解決しよう」の授業を行っていたときである。むかつくことを言われた場面での対応の仕方をクラス全員で考えた。そのなかで，ある男子児童が「まず，軽くあやまればいいんじゃね」と発言した。「軽く」とは，「こちらも悪かったけど，そういう言われ方をすると素直にあやまれない」ときの対応。一同，「なるほど！」と納得した。そこで，自分に少しでも非がある場合のトラブル解決法として，「①まず，軽くあやまる」という新たなスキルが誕生した。

　これは，不平・不満を伝えられた方のスキルになると思った。冒頭でも述べたが，ていねいな言い方でも自分の非を指摘されるとカチンとくる人は多いはずである（自分もそうである）。そんなときは，気持ちを落ち着ける意味も込めて，「まず，軽くあやまる」のである。その後，話を進めていくなかで自分の非を受け入れ，心からの謝罪ができればよいと思うのである。

　児童から出てきた「まず，軽くあやまる」。このスキルをわたし自身生活のなかで多用している。実に大切なスキルである。

第6節　全校一斉方式SSEと生活目標の統合

　学校の教育計画は，外国語活動，キャリア教育，食育，防災教育，ESDなど，新しい内容を加えながらどんどんふくらんでいます。そんななかでSSEやSGE（構成的グループエンカウンター）を組み込もうとすると無理が生じます。そこで，現在行われている教育活動のなかにうまく溶け込ませることを考える必要があります。「全校一斉方式SSE」は，生活目標との統合を提案します。

　学校には，全校児童を対象とした生徒指導の時間があると思います。例えば，月の生活目標を提示して，目標に向かって努力していくよう働きかける生徒指導朝会などです。この指導は，SSEの言語的教示（インストラクション）にあたります。さらに，好ましい行動と好ましくない行動を寸劇にして示し，そのことについて説明を加える場合もあります。この指導は，モデリングです。このように考えると「全校一斉方式SSE」は，まったく新しい活動ではなく，従来の活動に「リハーサル」と「フィードバック」をつけ加えたものと考えることができます。

　そこで，生活目標とSSEを統合することについて考えてみます。

1　SSEの視点で行動目標を明確にする

　年度初めは多くの学校で「あいさつ」について指導します。例えば，生活目標で次のように表示されたとします。

> 気持ちのよいあいさつをしよう

　この生活目標を見て，子どもたちはどのようなあいさつをすればいいのかわかるでしょうか。「気持ちのよいあいさつ」をするために何をどうすればいいのか，子どもの側から見てわかるように行動レベルで示すことが大切です。SSEでは，「あいさつ」の具体的なスキルを次のように示します。

> 気持ちのよいあいさつをしよう
> 　・いろいろな人に
> 　・目を見て
> 　・元気な声で

このことによって，子どもにとって「気持ちのよいあいさつ」の具体的な行動がはっきりします。指導する側にとっては，その行動が達成されたか評価する観点が明確になります。

2 生活目標とSSEの統合

学校内に，目標とよばれるものが多すぎたり，複数の目標が関連をもたず別々に存在していたりすることはないでしょうか。「全校一斉方式SSE」の目標と生活目標が2本設定されることで，どちらかがおろそかになってしまうことは容易に予想されることです。複数の目標を意識することは，子どもも教師もなかなかむずかしいことです。そこで，「全校一斉方式SSE」はターゲットスキルの配列を考え，生活目標としても使用できる表現にしています。

例えば，

```
学習するソーシャルスキル              生活目標
「上手な話の聴き方」      →      「友達の話を上手に聞こう」
```

この目標に，具体的なスキルをつけ加えて示すことで，月ごとの生活目標とすることができます。

```
5月の生活目標 「上手な話の聴き方をしよう」
  ○ いましていることをやめる
  ○ 相手を見る
  ○ うなずきや相づちを入れる
  ○ 関係のあるコメントを返す
```

これらの生活目標を教室などに掲示すれば学習したスキルの振り返りの材料になり，般化を促す手だての一つとなります。

＜全校一斉方式SSEの成果＞

全校一斉方式SSE年間指導計画（P.28～P.33）を実践している3校は，心理テストQ-Uを活用して教育効果測定を行っている。下表は，3校の学級満足度尺度（いごこちのよいクラスにするためのアンケート）における学級生活満足群の出現率を示したものである。3校とも，実践し始めたときより年度末には数値が向上している。また，2年目の開始時は，やや数値が下がる傾向が見られるものの，年度末はいずれも80％代を超えている。このことから，継続して実践することによって，着実に成果をあげることができるといえる。3校は，全校一斉方式SSEで学習した内容を，学級生活の中で般化させる工夫をしている。これらを土台として，学級づくりを進めている点が共通している。

Q-U 学級生活満足群

表 Y・K・I小学校3校の学級満足度尺度における学級生活満足群の出現率

	1年目開始時	1年目年度末	2年目開始時	2年目年度末
Y小学校	44%	61%	63%	86%
K小学校（大規模校）	63%	79%	73%	85%
I小学校（小規模校）	57%	73%	58%	84%

第7節　全校一斉方式 SSE を進めるうえでの留意点

集団に対する SSE を実践するうえで，次のことに留意します。

ゆっくり　　楽しく　　続けて

ゆっくり　　ソーシャルスキルは，本来，生まれて育っていく過程で，いろいろな人と出会い，ふれあうなかで自然に身についていくものです。学習したスキルを生活のなかで使ってみて，成功したものが自分のスキルとして残っていきます。これらは，長い時間をかけて，ゆっくり積み重ねられていくものです。意図的計画的にソーシャルスキルを教える SSE においては，自然に身についていく過程を念頭におき，学習効果を性急に求めることのないよう留意しなければなりません。

楽しく（心地よく）　　ソーシャルスキルを身につける体験そのものが楽しくなければなりません。例えば，リハーサルが楽しくなければ日常生活で使ってみようとは思わないでしょう。楽しさの支えになっているのは，ターゲットスキルの実行によって感じられる「心地よさ」です。「心地よさ」の体験を仲間と共有させていくことが大切です。

続けて　　上記のように，ソーシャルスキルはゆっくり身につけていくことが大切です。したがって，続けて学ぶことが必要になります。しかし，教育活動を継続していくことはむずかしいことです。学校には，教職員の異動があるからです。全校一斉方式 SSE を立ち上げることにかかわったスタッフが，4月になると半分もいなくなることがあります。学校は，新しいことを立ち上げることよりも，同じ活動を継続していくことのほうがむずかしいのです。取組みを継続させるためには，次のようなことが大切です。

①プログラムを整備する

　指導する人が変わっても，よいプログラムがあれば取組みを継続させることができます。よいプログラムとは，初めて見る人も実践できるように整備されたプログラムです。本書では，三つの年間指導計画を掲載しましたが，これらを参考に学校の実態に即したプログラムを作成し，継続して実施していくことが大切です。

②SSE を複数の指導者で担当する

　校内で中心となって推進する人を2人以上にすることです。1人の担当者が変わっても，もう1人が推進できる体制をつくることが，継続の秘訣です。

第8節　全校一斉方式SSEのターゲットスキルと指導計画

　ターゲットスキルの選定と配列は，指導計画のなかで最も重要な作業です。全校一斉方式SSEは，オリエンテーションと九つのターゲットスキルで構成されています。ターゲットスキルは，やさしいものからむずかしいものへ配列しました。

　オリエンテーションは，ソーシャルスキルを学習する意義やターゲットスキルの種類などについて理解させることを目的として行います。九つのスキルは，関係を結び，深め，それを維持していくときに必要な基本的スキルです。関係を維持するためには，ときに相手の要求を断ることも必要です。また，不平や不満をため込まず，自分の気持ちを率直に伝えることも大切です。「あたたかいメッセージ」は，本書において最も重要なスキルとして，2回に分けて学習する構成になっています。

①オリエンテーション
◆関係を結ぶ
　②あいさつ
　③上手な話の聴き方
　④仲間をさそう・仲間に入る
◆関係を深める
　⑤やさしい頼み方
　⑥あたたかいメッセージ1
　⑦あたたかいメッセージ2
　⑧気持ちを分かち合う
◆関係を維持する
　⑨上手な断り方
　⑩不平・不満の言い方

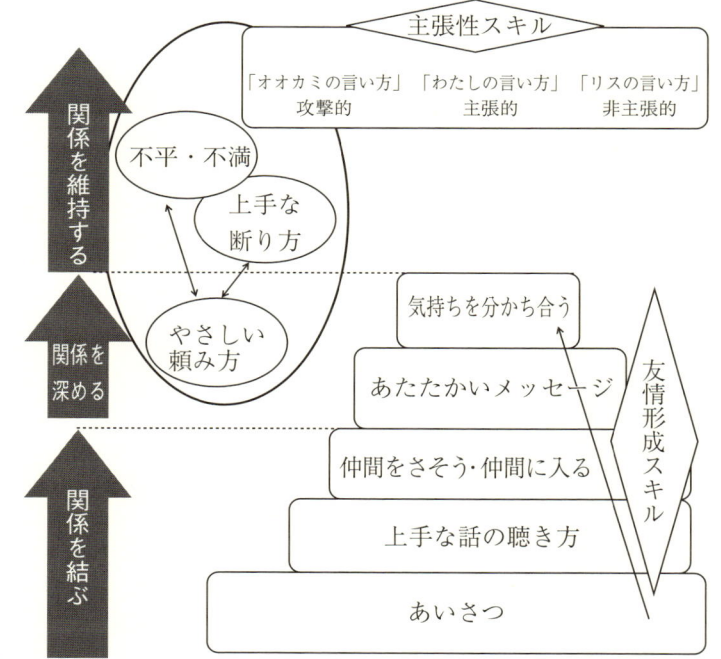

　九つのスキルだけで，学校生活で必要なすべてのスキルをカバーすることは当然できません。前述のように，親和的な学級集団を育成する土台となるよう，全校で学ぶことが適当と思われるスキルを選択します。

年間指導計画を立てる

　全国一斉方式 SSE の年間指導計画は，児童のソーシャルスキルの定着度だけではなく，学校規模や教職員の SSE 推進力などの実態を考慮して立案します。学校規模が大きくなれば，実施すること自体がむずかしくなるので，ターゲットスキルを少なくして学習したスキルの定着をていねいに行う計画にすることも考えられます。

　次項に示す年間指導計画は，学校生活の流れや生活目標との関連を考慮して，ターゲットスキルを配列した基本形です。自校の年間指導計画立案の際に参考になると思います。

（1）　基本形（Y小学校）

　全校一斉方式 SSE のプログラムを考案した学校の年間指導計画です。本書は，この計画に基づいて，具体的な指導プログラムを提供しています。すべてのターゲットスキルのなかで，「あたたかいメッセージ」が最も大切であることを実践を通して確認したので，本書でも2セッションに分けて詳しく述べています。

（2）　大規模校の例（K小学校）

　全校児童800人をこえるK小学校では，運営のむずかしさが予想されるので，ターゲットスキルを極力絞った年間計画を立案しました。「あいさつ」「上手な話の聴き方」「あたたかいメッセージ」の三つを1学期と2学期で繰り返すプランです。2年間実施した後，検討を加えて改善した指導計画を次項に示しました（P.30）。「あいさつ」に関しては，児童会活動で行うことにしました。それに代えて「友達と声をかけ合い仲よくしよう」という目標を設定し，低学年では「仲間の入り方・さそい方」，中学年では「上手な頼み方」，高学年では「上手な断り方」を取り入れ，全校と学年部を組み合わせる計画にしました。このことによって，毎年実施しても2年単位で部分的に変化をもたせることができます。

（3）　小規模校の例（I小学校）

　小規模校のI小学校では，「あいさつ」「上手な話の聴き方」「仲間の入り方・さそい方」「やさしい頼み方」「あたたかいメッセージ」「上手な断り方」「不平・不満の言い方」の六つのスキルを選定しました（P.32）。1～6年生の学級担任が一つのターゲットスキルを担当して，全校での学び（言語的教示とモデリング）を企画，運営します。全体計画と統括は生活指導部が行い，学級担任の取り組みをバックアップするシステムになっています。この方法によって，転入職員も同僚の助言を受けながら徐々に SSE を理解していきます。

第1章 ソーシャルスキル教育

全校一斉方式 SSE 年間指導計画（基本形：Y小学校）

	オリエンテーション 4月	あいさつ 4月	上手な聴き方 5月	仲間のさそい方 6月
生活目標	ソーシャルスキルを学ぼう 〜友達と仲よくすごすために〜	気持ちのよいあいさつをしよう	友達の話を上手に聴こう	仲間に入ろう 友達をさそおう
身につけさせたいスキル	①オオカミの言い方（攻撃的な言い方） ②わたしの言い方（主張的な言い方） ③リスの言い方（消極的な言い方） 主張性が関係するスキルを★で示す	①いろいろな人にあいさつする。 ②相手の目を見てあいさつする。 ③ちょうどよい声ではっきりとあいさつする。	①いましていることをやめる。 ②相手を見る。 ③反応する（うなずき相づちを入れる）。 ④最後まで聴き，関係のあるコメントを返す（高学年）。	◎「自分も相手も大切にした伝え方」 ①近づく。 ②きちんと見る。 ③聞こえる声で言う。 ④笑顔で言う。 「いーれて」「いっしょに遊ぼう」など（低学年） ＊高学年：上手な質問の仕方 ★
ねらい	○ソーシャルスキルとは何か，なぜソーシャルスキルを学ぶのか，どのようなソーシャルスキルを学ぶのかを理解させ，学習の意欲を高める。	○あいさつは，人と人とをつなぐ大切な言葉であることを理解する。（知識） ○時と場に応じたあいさつの仕方を身につける。（技能）	○「聴く」ことは積極的な活動であり，人間関係を築くうえで大切であることを理解する。（知識） ○上手な話の聴き方の四つのスキルを身につける。（技能）	○仲間の入り方や，仲間に入りたいと思っている友達をさそう大切さやさそい方を理解する。（知識） ○自分も相手も大切にした伝え方で，仲間に入ったり，さそったりできるようにする。（技能）
留意点	・オオカミやリスの言い方をしないこともソーシャルスキルである。 ・ソーシャルスキル，モデリング，ロールプレイなどの用語を用いる場合は，その意味を説明する。 ・ロールプレイの3ステップで練習する。	・教室に入るときのあいさつを意識して行わせることで，気持ちよさを感じさせる。 ・学年に応じて，登下校時に出会う人や，外来者，友達の家の人などいろいろな場面で多様な人へのあいさつへと広げていく。	・すべてのスキル訓練の基本となる。 ・人の話を聴くことは，能動的な作業であることを理解させる。 ・カードの準備 聞く：聞こえてくる 聴く：耳を傾けて聴く ・相手の話を最後まで聴くことができない子が多くなっている。	・「自分も相手も大切にした伝え方」について理解させる。 ・具体的な場面を取り上げて，その場にふさわしいさそい方や仲間への入り方を考え，適切なスキルを身につける。
学校での般化	＊年間を通して，昼の放送でよかった姿を紹介していく。	●入学式，卒業式，学習参観 「こんにちは」 ●体験学習，ALTとの学習 「こんにちは」 「ありがとうございます」 ●文化祭 「おはようございます」 「こんにちは」 ●児童会行事 「こちらです」	●話し合い活動，係活動や児童会活動の話し合い ●運動会	●児童会集会 ・仲間をさそって準備を進める。 ・仲間に入って活動したり，一緒に活動したりする。 「いっしょにやろう」 「仲間に入れて」
家庭		●友達の家で 「おじゃまします」 ●近所の人へ 「行ってきます」	（子どもの話を上手な聴き方で聞いてもらう）	

第8節 全国一斉方式SSEのターゲットスキルと指導計画

やさしい頼み方	あたたかいメッセージ	気持ちを分かち合う	上手な断り方	不平・不満の言い方
7月	9月・10月	11月	12月	1月
やさしい頼み方を身につけよう	あたたかいメッセージを伝え合おう	友達の気持ちを考えて，あたたかいメッセージを伝え合おう	上手な断り方を身につけよう	不平・不満の言い方を身につけよう
①頼みごとの理由を述べる。 ②具体的な要求を述べる。 ③頼む言葉を述べる。 ④お礼の言葉を述べる。　　　　★	①ほめる ②感謝する ③気づかう ④励ます ⑤冷たいメッセージを回避する。 （高学年）	①相手の様子をよく見たり話を聞いたりして，気持ちを読み取る。 ②相手の気持ちを考えながらあたたかいメッセージをおくる。 ＊非言語的なスキルで共感したことを伝える。	①あやまる ②理由を言う ③わたしの言い方（主張的な言い方）で断る ④代わりの意見を言う ＊「オオカミの言い方」（攻撃的な言い方）「リスの言い方」（消極的な言い方）をしない。　　★	①まず，深呼吸をする。 ②不平・不満の事実を伝える。 ③気持ちや困っていることを伝える。 ④提案があれば述べる。　　　　★
○頼みごとをするときは，相手の気持ちや立場を考えながら，用件をはっきり告げることが大切であることを理解する。（知識） ○適切な頼み方の四つのスキルを身につける。（技能）	○あたたかいメッセージと冷たいメッセージが相手に与える影響を理解する。（知識） ○あたたかいメッセージの伝え方を身につける。（技能）	○気持ちを分かち合うことの大切さを理解する。（知識） ○相手の気持ちを読み取り，相手の気持ちを考えてあたたかいメッセージを伝える。（技能）	○話しかけられたとき，さそわれたとき，頼まれたときなど，自分の都合や気持ちを大切にして，ときには断ることも必要であることを理解する。（知識） ○「自分も相手も大切にした言い方」で断ることができる。（技能）	○不平や不満があるときは，自分の考えや気持ちを主張的な言い方で伝えることが大切であることを理解する。（知識） ○不平・不満の言い方を身につける。（技能）
・主張的な言い方を練習するとともに，攻撃的な言い方や消極的な言い方をしないことを強調する。 ・断られたときの対応を決めておく。	・あたたかいメッセージを言うこと以上に冷たいメッセージを言わないことが重要である。 ・冷たいメッセージのリハーサルは，原則として行わない。 ・教師と子どもがモデルを示す場合，モデルとなる子どもが傷ついたり，悪者で終わったりすることがないようにする。	・「あたたかいメッセージ」と「上手な聴き方」との関連を図る。 ・ハイタッチや笑顔などの非言語的なスキルについてもふれる。	・主張的な言い方，攻撃的な言い方，消極的な言い方の復習を十分行う。 ・断ることは，友達関係を終わらせるという間違った信念を変容させる。 ・「上手な話の聴き方」「仲間のさそい方」「やさしい頼み方」の応答として，関連づけて指導する。	・自分のわがままと不平や不満を伝えることを混同しないように，具体的な場面でよく考えさせる。
●係や委員会活動 ・当番を代わってもらう。 ・仕事を頼む。 ●文化祭 ・手伝ってもらう。	●文化祭，児童会行事 ・ほめたり，励ましたりする。 ●音楽会，マラソン大会 ・励ましたり，気づかったりする。	●スポーツ集会 相手の様子をよく見てあたたかいメッセージで応援する。 ●6年生を送る会 6年生に心のこもったメッセージをおくる。 ●卒業式 練習のなかで卒業生への感謝の言葉をおくる。	●休み時間 ・遊びにさそわれたとき ・当番活動 ・代わってほしいと頼まれたとき ●読書など ・話しかけられたとき	●貸した本を汚されたとき ●遊ぶ約束を破られたとき ●黙って自分のものを借りられたとき
●家庭の仕事を頼む。 ●頼みをきいてもらったら感謝の言葉を伝える。	●あたたかいメッセージカードに親子で取り組む。			

第1章 ソーシャルスキル教育

全校一斉方式 SSE 年間指導計画（大規模校：K小学校）

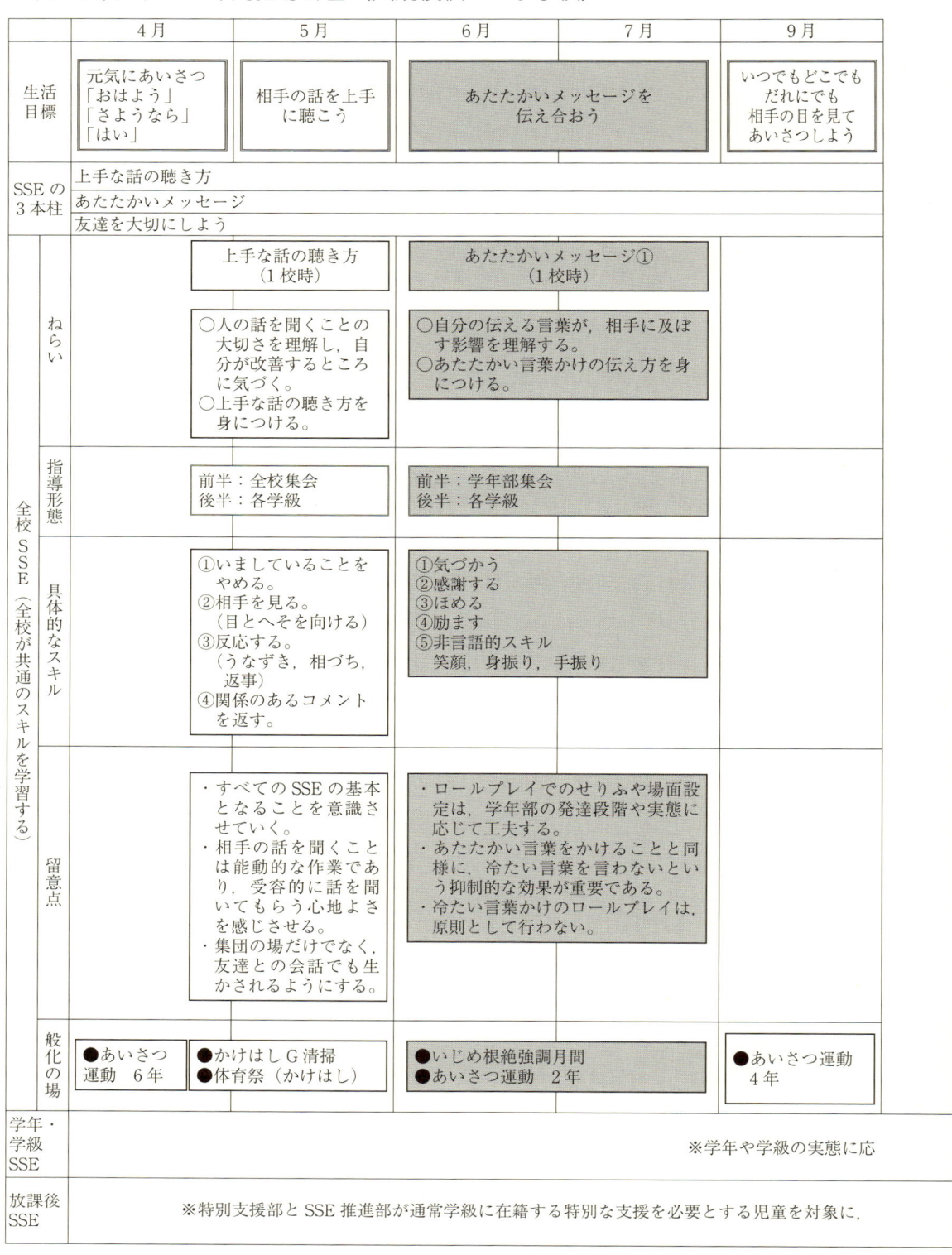

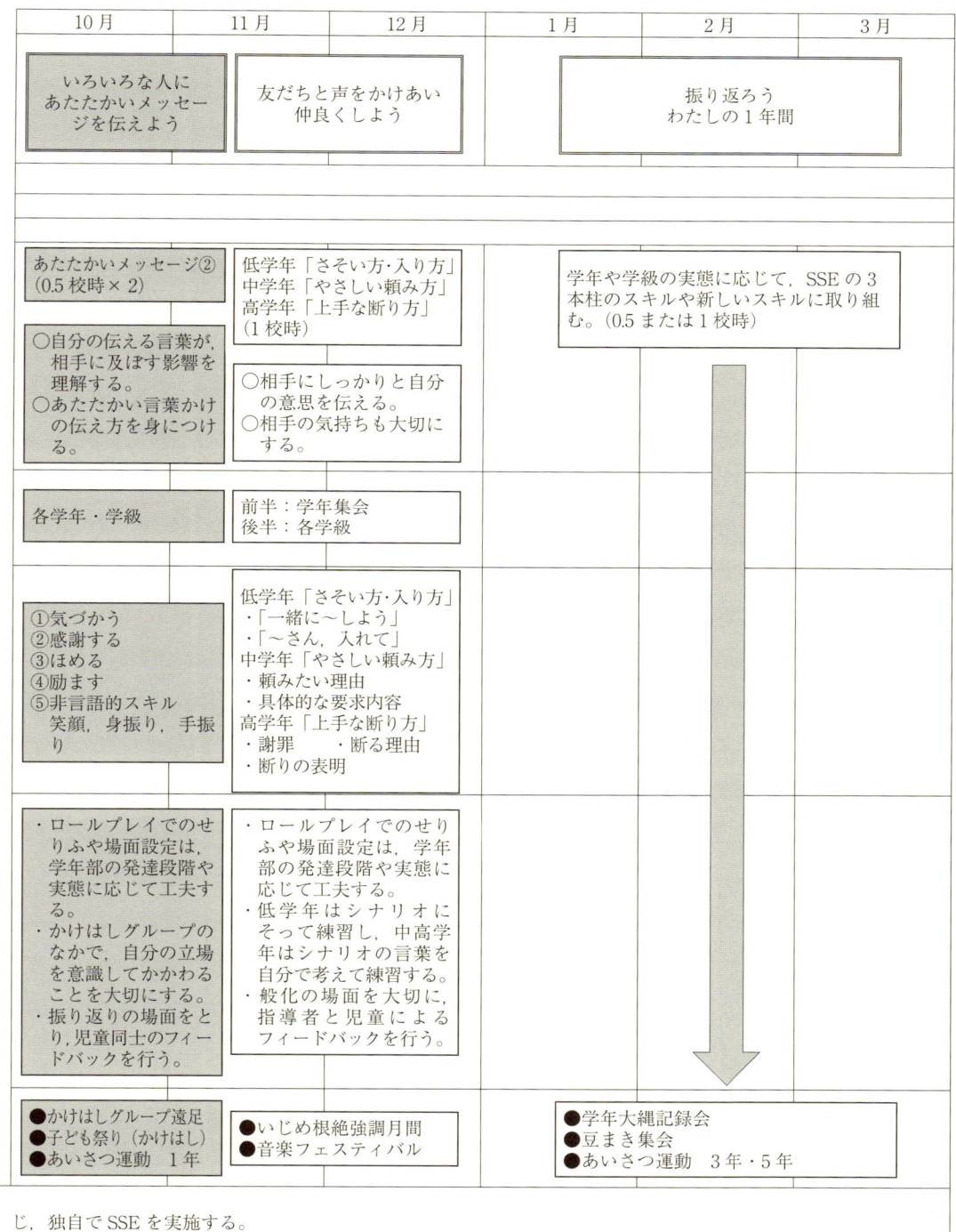

第8節　全国一斉方式SSEのターゲットスキルと指導計画

10月	11月	12月	1月	2月	3月
いろいろな人にあたたかいメッセージを伝えよう	友だちと声をかけあい仲良くしよう		振り返ろう わたしの1年間		
あたたかいメッセージ②（0.5校時×2） ○自分の伝える言葉が，相手に及ぼす影響を理解する。 ○あたたかい言葉かけの伝え方を身につける。	低学年「さそい方・入り方」 中学年「やさしい頼み方」 高学年「上手な断り方」 （1校時） ○相手にしっかりと自分の意思を伝える。 ○相手の気持ちも大切にする。		学年や学級の実態に応じて，SSEの3本柱のスキルや新しいスキルに取り組む。（0.5または1校時）		
各学年・学級	前半：学年集会 後半：各学級				
①気づかう ②感謝する ③ほめる ④励ます ⑤非言語的スキル 　笑顔，身振り，手振り	低学年「さそい方・入り方」 ・「一緒に〜しよう」 ・「〜さん，入れて」 中学年「やさしい頼み方」 ・頼みたい理由 ・具体的な要求内容 高学年「上手な断り方」 ・謝罪　・断る理由 ・断りの表明				
・ロールプレイでのせりふや場面設定は，学年部の発達段階や実態に応じて工夫する。 ・かけはしグループのなかで，自分の立場を意識してかかわることを大切にする。 ・振り返りの場面をとり，児童同士のフィードバックを行う。	・ロールプレイでのせりふや場面設定は，学年部の発達段階や実態に応じて工夫する。 ・低学年はシナリオにそって練習し，中高学年はシナリオの言葉を自分で考えて練習する。 ・般化の場面を大切に，指導者と児童によるフィードバックを行う。				
●かけはしグループ遠足 ●子ども祭り（かけはし） ●あいさつ運動　1年	●いじめ根絶強調月間 ●音楽フェスティバル		●学年大縄記録会 ●豆まき集会 ●あいさつ運動　3年・5年		

じ，独自でSSEを実施する。

小グループによりSSEを年間を通じ継続的に実施する。（各グループ原則週1回，放課後に実施）

全校一斉方式 SSE 年間指導計画（小規模校：Ⅰ小学校）

月	生活目標とSSEのねらい	具体的なスキル
4	気持ちのよいあいさつと返事をしよう ○あいさつは，人と人をつなぐ大切な言葉であることを理解する。（知識） ○時と場に応じたあいさつの仕方を身につける。（技能）	①だれにでも ②相手の目を見て ③元気な声ではっきりとあいさつする。 ※応答のスキル 「はいわかりました」 「すみません」 「ありがとうございます」など
5	上手な話の聴き方をしよう ○「聴く」ことは積極的な活動であり，人間関係を築くうえで大切であることを理解する。（知識） ○上手な聴き方の四つのスキルを身につける。（技能）	①いましていることをやめる。 ②相手を見る。（目を見る） ③反応する。（うなずき，相づち，返事） ④最後まで話を聴き，関係のあるコメントを返す。
6	冷たいメッセージをなくし，あたたかいメッセージを伝え合おう ○あたたかいメッセージと冷たいメッセージが相手に与える影響を理解する。（知識） ○あたたかいメッセージの伝え方を身につける。（技能）	☆①気づかう「どうしたの」「だいじょうぶ」 ☆②励ます「がんばってね」「心配ないよ」 ③ほめる「上手だね」「すごいね」 ④感謝する「ありがとう」「助かったよ」 ※冷たいメッセージから自分を守る（高学年）
9	気持ちのよいあいさつと返事をしよう ○あいさつは，人と人をつなぐ大切な言葉であることを理解する。（知識） ○時と場に応じたあいさつの仕方を身につける。（技能）	①だれにでも ②相手の目を見て ③元気な声ではっきりとあいさつする。 ※応答のスキル 「はいわかりました」 「すみません」 「ありがとうございます」など
10	冷たいメッセージをなくし，あたたかいメッセージを伝え合おう ○あたたかいメッセージと冷たいメッセージが相手に与える影響を理解する。（知識） ○あたたかいメッセージの伝え方を身につける。（技能）	①気づかう「どうしたの」「だいじょうぶ」 ②励ます「がんばってね」「心配ないよ」 ☆③ほめる「じょうずだね」「すごいね」☆ ☆④感謝する「ありがとう」「助かったよ」☆ ※冷たいメッセージから自分を守る（高学年）
11	上手な話の聴き方をしよう ○「聴く」ことは積極的な活動であり，人間関係を築くうえで大切であることを理解する。（知識） ○上手な聴き方の四つのスキルを身につける。（技能）	①いましていることをやめる。 ②相手を見る。（目を見る） ③反応する。（うなずき，相づち，返事） ④最後まで話を聴き，関係のあるコメントを返す。
12	友だちと声をかけあい仲よくしよう	・学年の実態に応じて「あいさつ」「上手な話の聴き方」「あたたかいメッセージ」に取り組む。
1	やさしい頼み方を身につけよう ○頼みごとをするときは，相手の気持ちや立場を考えながら，自分の願いをはっきりと伝えることが大切であることを理解する。（知識） ○適切な頼み方の四つのスキルを身につける。（技能）	①頼みごとの理由を述べる。「〜だから」 ②具体的な要求を述べる。「〜してほしい」 ③頼みを聞き入れてもらったときの結果を述べる。「〜してくれてとても助かる」 ④お礼の言葉を述べる。「ありがとう」
2	上手な断り方を身につけよう ○話しかけられたとき，頼まれたとき，さそわれたときなど，自分の都合や気持ちを大切にして，ときには断ることも必要であることを理解する。（知識） ○「わたしの言い方」（主張的）で自分や相手を傷つけない言い方ができるようにする。（技能）	①謝る。「ごめんね」 ②理由を言う。「〜だから，できないよ」 ③わたしの言い方で断る。 「その代わり，〜ならいいよ」 ④代わりの意見を言う。「その代わり，〜ならいいよ」
3	友だちと声をかけあい仲よくしよう	・学年の実態に応じて「あいさつ」「上手な話の聴き方」「あたたかいメッセージ」「頼み方」「断り方」に取り組む。

留意事項	全共通般化の場
・好ましいあいさつをすることで心地よさを味わわせる。 ・三つのスキルについて，自分の行動を振り返らせる。 ※外来者に対してと(集団)登校時のあいさつ。 ・言葉をかけても，適切に応答しないことをモデリングで示し，よくない行動であることに気づかせる。	☆ALTとの学習 ☆入学式，学習参観 ☆(集団)登校時（児童同士，保護者や地域の方） ☆外来者 ☆生活科，総合学習 ・はきはきと応答する ・自己紹介をする
※すべてのSSEの基本となる。 ・相手の話を聴くことは，能動的な作業であり，受容的に話を聴いてもらう心地よさを感じさせる。 ・授業場面だけでなく，日常の友達との会話で生かされるようにする。	☆縦割り班活動 ☆生活科，総合学習
・あたたかいメッセージを言うこと以上に冷たいメッセージを言わないことが大切であることを理解させる。 ・冷たいメッセージのロールプレイは行わない。	☆校内マラソン大会 ☆地区親善水泳大会（高学年） ☆尾瀬自然教室（5年生） 　佐渡体験教室（6年生）
・好ましいあいさつをすることで心地よさを味わわせる。 ・三つのスキルについて自分の行動を振り返らせる。 ※外来者に対してと集団登校時のあいさつ。 ・言葉をかけても，適切に応答しないことをモデリングで示し，よくない行動であることに気づかせる。	☆体育祭 ☆集団登校時（児童同士，保護者や地域の方） ☆外来者に対して ☆生活科，総合学習 ・はきはきと応答する ・自己紹介をする ☆市親善陸上大会（高学年）
・あたたかいメッセージを言うこと以上に冷たいメッセージを言わないことが大切であることを理解させる。 ・冷たいメッセージのロールプレイは行わない。	☆ふるさと学習（縦割り班活動） ☆学習発表会の準備
※すべてのSSEの基本となる。 ・相手の話を聴くことは，能動的な作業であり，受容的に話を聴いてもらう心地よさを感じさせる。 ・授業場面だけでなく，日常の友達との会話で生かされるようにする。	☆学習発表会 ☆生活科，総合学習
・般化の場面を大切に指導者と児童によるフィードバックを行う。	☆日常生活のなかでの般化を大切にする。
・主張的な伝え方について理解する。 ・主張的な言い方を練習するとともに，攻撃的な言い方や消極的な言い方をしないことを強調する。 ・高学年は，断られたときの対応の仕方を扱う。 ・頼みを受け入れてもらったとき「ありがとう」と言う。	☆日常生活のなかでの般化を大切にする。 ・相手を見て，聞こえる声で話しかける。 ・活動の分担や手助けを依頼する。
・主張的な言い方，攻撃的な言い方，消極的な言い方の復習を十分行う。 ・断ることは，友達関係を終わらせるという間違った信念を変容させる。	☆日常生活のなかでの般化を大切にする。
・般化の場面を大切に指導者と児童によるフィードバックを行う。	☆日常生活のなかでの般化を大切にする。

ロールプレイの3ステップ

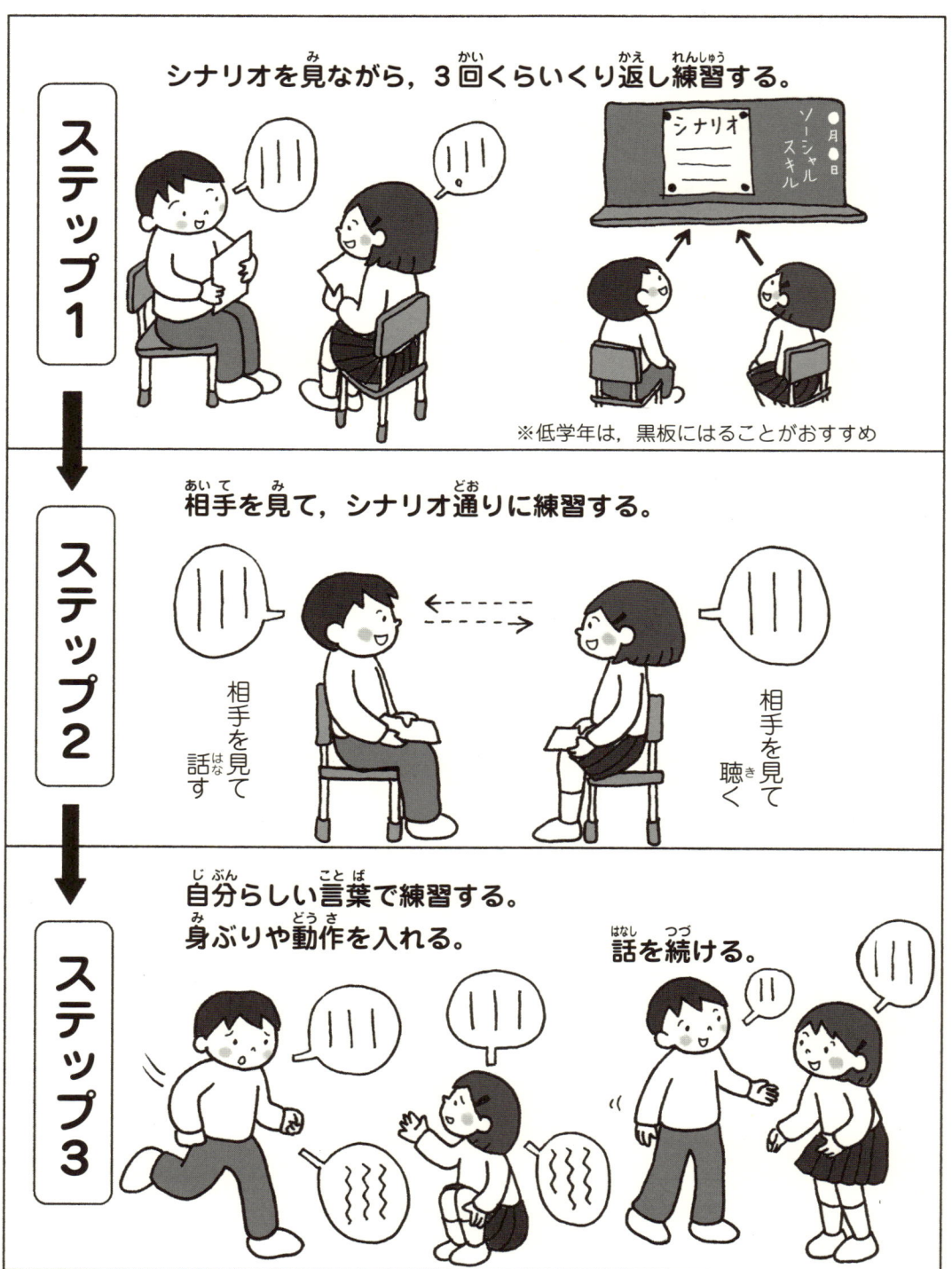

第2章
全校一斉方式
SSE（ソーシャルスキル教育）
プログラム

1. ソーシャルスキルを学ぼう

〈ソーシャルスキル〉

オオカミの言い方
　　自分のことだけ大切にしている言い方

リスの言い方
　　相手のことだけ大切にしている言い方

わたしの言い方
　　自分も相手も大切にしている言い方

友達と仲よくすごすコツ
1年間で学ぶソーシャルスキル

あいさつ　上手な話の聴き方
仲間の入り方・さそい方
やさしい頼み方
あたたかいメッセージ
気持ちを分かち合う　上手な断り方
不平・不満の言い方

| オオカミの言い方 | わたしの言い方 | リスの言い方 |

ねらい

○ソーシャルスキルとは何か，なぜソーシャルスキルを学ぶのか，どのようなソーシャルスキルを学ぶのかを理解し，学習意欲を高める。

1. ソーシャルスキルを学ぼう

学習の流れ

全校での学び 15分　⇨ P.38〜39

1　言語的教示（インストラクション）
　友達と仲よくすごすためには，どのようなことに気をつけなければならないか話し合う。

2　モデリング・言語的教示（インストラクション）
　「わたしは，家に帰ったらお母さんと買い物に行く予定です。学校の帰り道に友達が『家に帰ったら一緒に遊ぼう』とさそってきました」。その応答として，三つのモデルを示し，それぞれの伝え方が自分や相手にどのような影響を与えているか観察させる。
　　○オオカミの言い方（攻撃的）
　　○リスの言い方　　（消極的）
　　○わたしの言い方　（主張的な言い方）

　三つのモデルについて，自分や相手はどのような気持ちになっているかを考えさせ，確認しながら進める。
　　○オオカミの言い方は，自分のことだけ大切にしている言い方で，相手が嫌な気持ちになっている。
　　○リスの言い方は，相手のことだけ大切にしている言い方で，自分が我慢している。
　　○わたしの言い方は，自分も相手も大切にしている言い方で，自分も相手も嫌な気持ちになっていない。

　わたしの言い方ができるようになると，友達と楽しくすごしたり気持ちよくすごしたりすることができる。そのために，1年間次のようなソーシャルスキルを学んでいくことを伝える。
　　○あいさつ
　　○上手な話の聴き方
　　○仲間の入り方・さそい方
　　○やさしい頼み方
　　○あたたかいメッセージ（ほめる・感謝する・励ます・気づかう）
　　○気持ちを分かち合う
　　○上手な断り方
　　○不平・不満の言い方

　オリエンテーションは,「全校での学び」のみで,「学級での学び」はなしとする。したがって,「言語的教示」と「モデリング」で終了する。4月に行う場合,「オリエンテーション」に続いて「あいさつ」のスキルに入っていくこともできる。その場合，通常の「全校での学び」より時間が長くなることを想定しておく。

全校での学びの進め方 ― 1. ソーシャルスキルを学ぼう―

	教師の働きかけ	留意点など
1 言語的教示（インストラクション）	みなさんは，友達と仲よくすごしていると思います。でも，ときに，友達のひとことで嫌な思いをして，自分の気持ちをうまく伝えられずに困ってしまうこともあるかもしれません。いまよりも友達と楽しく，お互いに気持ちよくすごせるといいと思いませんか。友達と仲よくすごすためにはコツがあります。これを「ソーシャルスキル」といいます。それでは，ここで短い劇を見ながらソーシャルスキルについて考えていきましょう。	「ソーシャルスキルを学ぼう」を提示する。 提示 〈ソーシャルスキル〉 板書イメージ ⇨ P.36
2 モデリング・言語的教示（インストラクション）	わたしは，今日，学校から帰ったらお母さんと買い物に行く約束をしています。学校の帰り道，友達が「帰ったら一緒に遊ぼう」とさそってきました。 【好ましくないモデル①】 あなた（わたし役）が，このような言い方をしたら友達はどんな気持ちになるか，友達の様子をよく見ていてください。 友達 「今日，家に帰ってから一緒に遊ぼう」 わたし 「無理。ダメッ（強い口調で言う）」 友達 「何その言い方」 友達役の人にインタビューしてみます。 教示者 「どんな気持ちになりましたか？」 友達役 「いきなり，無理とか，ダメッと強く言われてとても嫌な気持ちになりました」 教示者 「また遊びにさそおうと思いますか」 友達役 「もうさそいたくないです」 この言い方は，自分のことしか考えていない言い方です。これを「オオカミの言い方」ということにします。オオカミの言い方は，相手を嫌な気持ちにさせるだけでなく，次にさそってもらえなくなるなど，仲よくすごすことができなくなる言い方です。 【好ましくないモデル②】 2つめのモデルを見てください。 友達 「今日，家に帰ってから一緒に遊ぼう」 わたし 「うん。いいよ（うつむきかげんで小さい声で言う）」 友達 「そう，じゃあ迎えに行くね」	観察させるポイントを明確にする。 提示 オオカミの言い方

2 モデリング・言語的教示（インストラクション）	今度は，わたし役の人にインタビューしてみます。 　　教示者　「お母さんと買い物に行く予定があったと思いますが，何で断らなかったんですか？」 　　わたし役　「どんなふうに断ればいいかわからないし，友達に悪いと思ったからです」 　　教示者　「お母さんとの約束を守ることができませんね」 　　わたし役　「なので，少し重い気持ちです」 　この言い方は，相手のことだけ考えて自分を大切にしていない言い方です。これを「リスの言い方」ということにします。 【好ましいモデル】 　自分も相手も大切にした言い方をするとしたら，どんな言い方になるでしょうか。みなさんならどうしますか。次のモデルを見てみましょう。 　　友達　「今日，家に帰ってから一緒に遊ぼう」 　　わたし　「ごめんね。今日は，お母さんと買い物に行く約束をしているんだ。だから，遊べないんだ。明日なら遊べるけどどう？」 　　友達　「うん，わかった。じゃあ明日遊ぼうね」 　今度は，両方の人にインタビューしてみます。 　　教示者　「最初に友達役の人に聞いてみます。遊びにさそったけど断られました。どんな気持ちですか？」 　　友達役　「さきに約束していることがあったから仕方ないと思いました」 　　教示者　「嫌な気持ちになりましたか？」 　　友達役　「なりませんでした。明日遊べるので楽しみです」 　　教示者　「今度はわたし役の人にインタビューします。断るときどきどきしましたか？」 　　わたし役　「いま，相手が嫌な気持ちになっていないということを聞いて安心したし，自分もお母さんとの約束を守れるのでとてもよかったです」 　これは，「わたしも相手も大切にした伝え方」です。このような伝え方ができるように，1年間いろいろなソーシャルスキルを学習していきます。 ○あいさつ　○上手な話の聴き方　○仲間のさそい方　○やさしい頼み方　○あたたかいメッセージ　○気持ちを分かち合う ○上手な断り方　○不平・不満の言い方	提示 リスの言い方 提示 わたしの言い方 リハーサルは，「上手な断り方」(P.140)を参照 「自分も相手も大切にした伝え方」(P.41)を提示して説明する。ほかのセッションでも必要に応じて提示する。 ソーシャルスキルの題名のカードを提示する。

　オリエンテーションなので，「全校での学び」のみで終了する。ほかのセッションは，この後，教室に入ってリハーサルを行う学習の流れとなる。

第2章　全校一斉方式 SSE プログラム

わたしは、今日学校から帰ったらお母さんと買い物に行く約束をしています。学校の帰り道、友だちが「帰ったらいっしょに遊ぼう」とさそってきました。

○○さん、今日、家に帰ってからいっしょに遊ぼう。

わたし / 友だち

モデル①（好ましくない）

モデル②（好ましくない）

モデル③（好ましい）

モデル①：
- むり！だめ！
- なに、その言い方！

モデル②：
- えっ…あの…う…うん…いいよ…
- ….。
- そう。じゃあ、後でむかえにいくね！

モデル③：
- ごめんね。今日はお母さんと買い物に行く約束をしているんだ。だから、遊べないんだ。
- そっか…
- 明日なら遊べるけどどう。
- うん、わかった。じゃあ、明日遊ぼうね！

自分も相手も大切にした伝え方

① 相手を見て

② 自分の気持ちをはっきりと

③ 聞こえる声で伝える

オオカミの言い方	わたしの言い方	リスの言い方
（自分が大切）	（自分も相手も大切）	（相手が大切）

2. 気持ちのよいあいさつをしよう

〈気持ちのよいあいさつ〉
- はっきり元気よく
- 相手の目を見て
- 出会った人だれにでも

あいさつは人と人をつなぐ
　　　　　大切な言葉
・わたしの心がほかほかに
・周りの人の心もほかほかに

あいさつは，心と心をつなぎます。
わたしの心と，あなたの心をあたたかくします。
あいさつって気持ちいい。あいさつって心地いいな。

ねらい
○あいさつは，人と人とをつなぐ大切な言葉であることを理解する。（知識）
○時と場に応じたあいさつの仕方を身につける。（技能）

2. 気持ちのよいあいさつをしよう

学習の流れ

全校での学び 10分　⇨ P.44〜45

1　言語的教示（インストラクション）
　○自校のあいさつの現状を伝える。
　○気持ちのよいあいさつをするには「いろいろな人に」「相手の目を見て」「ちょうどよい声ではっきり」が大切なスキルであることを伝える。

2　モデリング
　○好ましくないモデル（朝の教室の場面）を示す。
　・何も言わず戸を開けて入ってきてそのまま席に着く。
　○好ましいモデル（朝の教室の場面）を示す。
　・元気にあいさつをして入ってくると，友達みんなから口々にあいさつが返ってきて，自分も友達も心地よくなる。

3　言語的教示（インストラクション）
　○あいさつをした人と，あいさつを返した人にインタビューをする。
　○あいさつは，人と人をつなぐ大切な言葉であることを理解させる。
　○教室に戻り，気持ちのよいあいさつの練習に入ることを伝える。

学級での学び 35分　⇨ P.46（低学年），P.48（中学年），P.50（高学年）

1　ウォーミングアップ（全員で円になってあいさつの練習をする。）
　○同じ言葉の繰り返しであいさつ回し（例「こんにちは」「こんにちは」）
　　「○○さん，おはよう」「こんばんは」「さようなら」「おやすみなさい」等
　○応答の仕方が違う言葉であいさつ回し
　　「行ってきます」「行ってらっしゃい」「ただいま」「おかえりなさい」
　　「おじゃまします」「いらっしゃい」等
　　初めは右回りで，次は左回りで，最後は両方から等工夫する。

2　リハーサル（1）とフィードバック
　　＜全学年＞　　朝，教室に入るときのあいさつ

3　リハーサル（2）とフィードバック
　　＜低学年＞　　朝，教室に入るまでに出会ったいろいろな人とのあいさつ
　　＜中・高学年＞　いろいろな場面でのあいさつ

4　振り返り
　○振り返りカードに記入させる。
　○シェアリングをする。（みんなで感想を発表し合う。）
　◇「トライ・トライカード」の説明をする。

一人一人の学び

般化
　○毎日，朝の会で「トライ・トライカード」を使って振り返らせる。
　○金曜日に，今週1週間の取組みを振り返らせる。

✐ワークシート→P.52〜53

全校での学びの進め方 ― 2.気持ちのよいあいさつをしよう ―

	教師の働きかけ	留意点など
1 言語的教示（インストラクション）	○必要な場合は，学校のあいさつの現状を伝える。 　あいさつをすると，自分とその人につながりができ，よい関係が始まります。あいさつは人と人をつなぐとても大切な言葉です。大切な言葉をどのように伝えたらいいのでしょうか。 　「相手の目を見て」「ちょうどよい声ではっきり」伝えることが大切です。 　みなさんは，朝，教室の席に着くまでに何人とあいさつをしているでしょうか。「いろいろな人」に気持ちのよいあいさつができると，生活のなかで気持ちよさを感じることができると思います。 　それでは，あいさつをしている場面を見ながら「気持ちのよいあいさつ」について考えましょう。	○事前に学校のあいさつの現状や問題点を把握しておく。 「気持ちのよいあいさつをしよう」を提示する。 提示 〈気持ちのよいあいさつ〉 はっきり元気よく 相手の目を見て 出会った人だれにでも 板書イメージ ⇨ P.42
2 モデリング	ここは朝の教室です。Aさんが教室に入ってきました。 【好ましくないモデル：朝の教室の場面】 Aさん　　（無言で戸を開けて入ってくる） Bさん　　（読書に夢中） C，Dさん（腕相撲に夢中） Eさん　　（ランドセルから道具を出している） （それぞれしゃべったり好きなことをしていて，Aさんには気づかない） Aさん　　（無言で席に着く） 　みなさん，いまの場面を見てどう思いましたか。 　そうですね。何だかおかしかったですね。 　では，どうすればいいのでしょう。 　「あいさつをする」ですね。あいさつをしなかったAさんは独りぼっちで寂しそうでしたね。 　だれからあいさつをすればいいと思いますか。 　まず，教室に入ってきた人からあいさつをしないと周りの人は気がつきませんね。自分から元気にあいさつをしましょう。 　また，教室に入るとき，せっかく意識して「おはよう」と言って入ってきたのに，だれも返してくれないと，その人の心が折れ	実際に教室の外から入ってくる。 教室では数名の子が大きな声で話している。 Aさんは寂しそうに座る。（見ている人が切なくなるような演技を） （「おはようって言わない」「何かおかしい」等，子どもたちから出るようにする。）

	てしまいます。あいさつには，あいさつで返していきましょう。 　　では，次の場面を見てみましょう。 **【好ましいモデル：朝の教室の場面】** | Aさん	「おはよう」（戸を開けて入ってくる） | |---|---|
Bさん	「あ，おはよう」 ⎫
Cさん	「Aさん，おはよう」 ⎬ 特にそろえなくて
Dさん	「おはよう。Aさん」 ⎭ もよいが，いっせいに
Aさん	（うれしそうにもう一度「おはよう」と言って席に着く）		B　読書をやめて C，D　腕相撲にけりをつけて E　ランドセルから道具を出しながら
3　言語的教示（インストラクション）	**【インタビュー】** 　ちょっとインタビューしてみます。Aさん，自分から「おはよう」と言ってどうでしたか。 　Aさん　「はい。思いきって自分から元気に言ったら，みんなから大きな声であいさつが返ってきたので，とても気持ちがいいです。何だか元気になりました」 　Bさんはどうでしたか。 　Bさん　「Aさんが元気に『おはよう』と言って入ってきたので，ぼくも思わず元気にあいさつをしていました。とても気持ちがよくてなんか明るい気持ちになりました」 　よかったですね。教室に入ってきた人があいさつをすると，自分も周りの人も，気持ちよくなりますね。教室でのあいさつは学校生活でとても大切です。あいさつは人と人とをつなぐことのできる大切な言葉です。 　みなさんも，教室に入るときに元気にあいさつをしましょう。 　そして，「おはよう」と言われたら，みなさんも元気にあいさつを返しましょう。みんなでホッとするクラスになるようにがんばりましょう。 　教室に戻り，気持ちのよいあいさつの練習をしましょう。	会場の中央に進んで 学校の実態によっては「地域でのあいさつ」や「登下校での友達とのあいさつ」のモデルを用意する。 ※「生活指導だより」（P.54）を参照のこと。 板書をまとめる。

教室へ移動してリハーサルを行う。

学級での学びの進め方　低学年　―2.気持ちのよいあいさつをしよう―

1　ウォーミングアップ
（全員で円になってあいさつの練習をする。）
○同じ言葉の繰り返しであいさつ回し
　　（例「こんにちは」「こんにちは」）
・「○○さん、おはよう」「こんばんは」
　「さようなら」「おやすみなさい」等
○応答の仕方が違う言葉のあいさつ回し
　　（例「行ってきます」「行ってらっしゃい」）
・「ただいま」「おかえりなさい」
　「おじゃまします」「いらっしゃい」
　「ありがとう」「どういたしまして」等
・初めは右回り、次は左回り、最後は両方から等、言葉の回し方を工夫する。

2　リハーサル（1）とフィードバック
【朝、教室に入るときのあいさつ】
○1人ずつあいさつをして教室に入る練習をする。
○1人ずつ教室の外に出て、戸を開けて入ってくる。
・人数が多いときは、2グループに分かれて、教室の前と後ろの戸を利用してあいさつの練習をしてもよい。

シナリオ（子ども用資料を拡大して提示）

わたし	（戸を開けて入ってくる）
わたし	「おはよう」
友達	「○○さん。おはよう」

○教室にいる子どもたちは、入ってきた子の名前を呼んで「おはよう」と言う。
○迎える側も元気な声で返す。
・教室に入るとき、せっかく意識して「おはよう」と言って入ってきたのに、だれも返してくれないと、その人の心が折れてしまう。
○元気なあいさつには、元気な声で返す。
・「あいさつ」ってとてもいい気持ちになると感じるようにする。
・一人一人のあいさつを「気持ちのよいあいさつ」の3つのスキルの視点でほめる（フィードバック）。

3　リハーサル（2）
【朝、教室に入るまでに出会ったいろいろな人とのあいさつ】
○お母さん、近所のおばあさん、校長先生、保護者、友達役を決めて順に並ぶ。
・役がわかるように胸にカードを付けるなど工夫する。
○あいさつを受ける役の子は家から学校まで歩きながら、順番にあいさつをする。（役を交代して行う。）
・慣れてきたら役になりきって、決められたせりふ以外の言葉も言うことを認める。その言葉にも、あいさつの反応をさせる。
・教室の中に「家」「通学路」「学校の門」「児童玄関」「廊下」を設定するのもよい。

シナリオ

（家で）お母さんと	
わたし	「行ってきます」
お母さん	「行ってらっしゃい」
（通学路で）近所のおばあさんと	
わたし	「おはようございます」
おばあさん	「おはよう。行ってらっしゃい」
わたし	「行ってきます」
（学校の門の前で）校長先生と	
わたし	「校長先生おはようございます」
校長先生	「○○さん、おはよう」
（学校の玄関で）友達と	
わたし	「○○さん、おはよう」
友達	「○○さん、おはよう」
（学校の廊下で）来校中の保護者の方と	
わたし	「おはようございます」
保護者	「おはよう」

4　振り返り
○「ふりかえりカード」を使って学習を振り返る。
・心地よさを共有し、般化を促す。
◇「トライ・トライカード」の説明をする。

子ども用 〈低学年〉

リハーサル（1）
～朝，教室に入るときのあいさつ～

- おはよう！
- おはよう ○○さん！
- ○○さん おはよう！
- ○○さん おはよう！

リハーサル（2）
～朝，教室に入るまでに出会ったいろいろな人とのあいさつ～

①家で
- 行ってきます！
- 行ってらっしゃい。気をつけて！

②つう学ろで
- おはようございます！
- おはよう。行ってらっしゃい。
- 行ってきます！

③校門の前で
- おはようございます。
- ○○さん おはようございます。

④学校のげんかんで
- ○○さん おはよう！
- おはよう ○○さん！
- おはようございます。

⑤学校のろうかで
- おはようございます。
- おはようございます。

《気持ちのよいあいさつ》

・「はっきり元気よく」
・「相手の目をよく見て」
・「出会った人だれにでも」

リハーサル（2）の手順

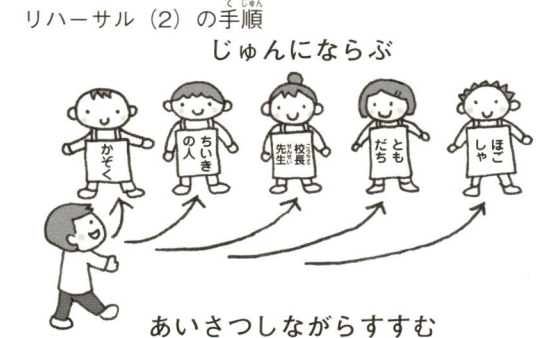

じゅんにならぶ

かぞく → ちいきの人 → 先生 校長 → ともだち → ほしゃ

あいさつしながらすすむ

今日の学しゅうをふりかえり，気づいたことをはっぴょうしよう。

47

教師用 | 学級での学びの進め方　中学年　―2.気持ちのよいあいさつをしよう―

1　ウォーミングアップ
（全員で円になってあいさつの練習をする。）
○同じ言葉の繰り返しであいさつ回し
　（例「こんにちは」「こんにちは」）
・「○○さん，おはよう」「こんばんは」
　「さようなら」「おやすみなさい」等
○応答の仕方が違う言葉であいさつ回し
　（例「行ってきます」「行ってらっしゃい」）
・「ただいま」「おかえりなさい」
　「おじゃまします」「いらっしゃい」
　「ありがとう」「どういたしまして」等
・初めは右回り，次は左回り，最後は両方から等，言葉の回し方を工夫する。

2　リハーサル（1）
【朝，教室に入るときのあいさつ】
○1人ずつあいさつをして教室に入る練習をする。
・子ども用資料を配布したり，拡大して黒板に提示したりする。
○1人ずつ教室の外に出て，戸を開けて入ってくる。
・人数が多いときは，2グループに分かれて，教室の前と後ろの戸を利用してあいさつの練習をしてもよい。

シナリオ

わたし	（戸を開けて入ってくる）
わたし	「おはよう」
友達	「○○さん。おはよう」

○教室にいる子どもたちは，入ってきた子の名前を呼んで「おはよう」と言う。
○迎える側も元気な声で返す。
・教室に入るとき，せっかく意識して「おはよう」と言って入ってきたのに，だれも返してくれないと，その人の心が折れてしまう。
○元気なあいさつには，元気な声で返す。
・「あいさつ」ってとてもいい気持ちになると感じるようにする。

3　リハーサル（2）とフィードバック
【いろいろな場面でのあいさつ】
○ペアを組んで，さまざまな場面に対応したあいさつの練習をする。（役を交代して行う。）
・どの場面にするかは，カードを引いて決める。
・1チームを例にして，実際にみんなの前でやらせて，やり方を説明する。
・カードにはシナリオを例として書いておくが，2人で場面を想像し，役になりきって相手に声をかけることができていたらほめて，ほかのグループにも紹介する（フィードバック）。

シナリオ

①学校に用事で来ていた保護者の方に会ったとき
わたし「おはようございます」
保護者「おはよう。保健室はどこかしら？」
わたし「こちらです。ご案内します」
保護者「ありがとう」

②遊びに行く途中で近所のおばさんに会ったとき
わたし「こんにちは」
おばさん「こんにちは。遊びに行くの。気をつけてね」
わたし「はい。行ってきます」

③友達の家で遊んでいると，家の人が帰ってきたとき
わたし「こんにちは。おじゃましています」
家の人「こんにちは。ごゆっくり」
わたし「　　　　　　　　　　」

4　振り返り
○「ふりかえりカード」を使って学習を振り返る。
・心地よさを共有し，般化を促す。
◇「トライ・トライカード」の説明をする。

子ども用 〈中学年〉

リハーサル（1）
～朝，教室に入るときのあいさつ～

- おはよう！
- おはよう ○○さん！
- ○○さん おはよう！
- ○○さん おはよう！

リハーサル（2）
～いろいろな場面でのあいさつ～

①学校に用事で来ていた保護者の方に会ったとき
- 1 おはようございます。
- 2 おはよう。保健室はどこかしら。
- 3 こちらです。
- 4 ありがとう。

②遊びに行く途中で，近所のおばさんに会ったとき
- 1 こんにちは。
- 2 こんにちは。遊びに行くの？気をつけてね。
- 3 はい！行ってきます。

③友だちの家で遊んでいて，家の人が帰ってきたとき
- 1 こんにちは。おじゃましてます。
- 2 こんにちは。ごゆっくり。

《気持ちのよいあいさつ》

・「はっきり元気よく」
・「相手の目をよく見て」
・「出会った人だれにでも」

今日の学習をふりかえり，気づいたことを発表しよう。

学級での学びの進め方　高学年　－2.気持ちのよいあいさつをしよう－

教師用

1　ウォーミングアップ
（全員で円になってあいさつの練習をする。）
〇同じ言葉の繰り返しであいさつ回し
　（例「こんにちは」「こんにちは」）
・「〇〇さん，おはよう」「こんばんは」
　「さようなら」「おやすみなさい」等
〇応答の仕方が違う言葉のあいさつ回し
　（例「行ってきます」「行ってらっしゃい」）
・「ただいま」「おかえりなさい」
　「おじゃまします」「いらっしゃい」
　「ありがとう」「どういたしまして」等
・初めは右回り，次は左回り，最後は両方から
　等，言葉の回し方を工夫する。

2　リハーサル（1）
【朝，教室に入るときのあいさつ】
〇1人ずつあいさつをして教室に入る練習をする。
〇1人ずつ教室の外に出て，戸を開けて入ってくる。
・人数が多いときは，2グループに分かれて，教室の前と後ろの戸を利用してあいさつの練習をしてもよい。
〇子ども用資料を配布したり，拡大して黒板に提示したりする。

シナリオ

わたし	（戸を開けて入ってくる）
わたし	「おはよう」
友達	「〇〇さん。おはよう」

〇教室にいる子どもたちは，入ってきた子の名前を呼んで「おはよう」と言う。
〇迎える側も元気な声で返す。
・教室に入るとき，せっかく意識して「おはよう」と言って入ってきたのに，だれも返してくれないと，その人の心が折れてしまう。
〇元気なあいさつには，元気な声で返す。
・「あいさつ」ってとてもいい気持ちになると感じるようにする。

3　リハーサル（2）とフィードバック
【いろいろな場面でのあいさつ】
〇ペアを組んで，さまざまな場面に対応したあいさつの練習をする。（役を交代して行う。）
・くじを引いて，指示された場面のあいさつを考える。
〇練習の成果を発表し，よさを認め合う（フィードバック）。

シナリオ

①遊びに行くときに会った近所のおばさんにあいさつをします。
②初めて行った友達の家で遊んでいるとき，帰ってきた家の人にあいさつをします。 ヒント 　自分　「こんにちは，おじゃましています。はじめまして」 　家の人　「こんにちは。ごゆっくり」
③調べ学習で，地域の昔話を聞くためにインタビューするときにあいさつをします。
④疲れた様子で帰ってきた家の人にあいさつします。
⑤保健室に用があって学校に来たけど，迷っている保護者の方に声をかけられます。 ヒント 　「わたしが案内します。こちらです」
⑥重い荷物を運んでいる学校に来たお店の方にあいさつをします。 ヒント 　「こんにちは，大丈夫ですか」

4　振り返り
〇「ふりかえりカード」を使って学習を振り返る。
・心地よさを共有し，般化を促す。
◇「トライ・トライカード」の説明をする。

子ども用 〈高学年〉

リハーサル（1）
～朝，教室に入るときのあいさつ～

おはよう！
おはよう ○○さん！
○○さん おはよう！
○○さん おはよう！

リハーサル（2）
～いろいろな場面でのあいさつ～

① 友だちの家に遊びに行くとちゅう，近所のおばさんに会いました。

② 初めて行った友だちの家で遊んでいるとき，家の人が帰ってきました。

⑤ 廊下で保護者の方に会いました。保健室に用があるようですが，場所がわからないようです。

③ 地域の人に，昔話についてのインタビューをします。まず，あいさつをします。

⑥ 学校の廊下で，作業中の業者の方に会いました。

④ 夜，家の人が，疲れた様子で帰ってきました。

あ～，つかれたな～

今日の学習をふりかえり，気づいたことを発表しよう。

気持ちのよいあいさつをしよう
ふりかえりカード

年	組	名前

1　全校で、お話を聞いたり、げきを見たりしました。わかったことや気づいたことは何ですか。

2　教室で、「気持ちのよいあいさつ」の練習をしました。次のことはできましたか。あてはまるものに○をつけましょう。

(1) 相手を見てあいさつすることができましたか。

| ① できた | ② 少しできた | ③ あまりできなかった | ④ できなかった |

(2) はっきり元気よくあいさつすることができましたか。

| ① できた | ② 少しできた | ③ あまりできなかった | ④ できなかった |

3　教室で「気持ちのよいあいさつ」の練習をして、感じたことや思ったことを書きましょう。

2．気持ちのよいあいさつをしよう

トライ・トライカード
「気持ちのよいあいさつをしよう」

年	組	名前

○いろいろな人にあいさつをしよう。
○相手の目を見てあいさつをしよう。
○ちょうどよい声ではっきりとあいさつをしよう。

月 日 やったこと	日 ( )	日 ( )	日 ( )	日 ( )	日 ( )	日 ( )	日 ( )	日 ( )	日 ( )
① 教室に入るときあいさつをした。									
② 教室に入ってきた友だちにあいさつをした。									
③ 登校のとき，いろいろな人にあいさつをした。（地域の方，友だちなど）									
④ 家族の人とあいさつをした。									
⑤ ちょうどよい声であいさつができた。									

できた◎　できなかった△

＊取組みをふり返って，感想を書きましょう。

生活指導だより

NO.○
○○小学校
平成○○年○月○日

4月のソーシャルスキル 気持ちのよいあいさつをしよう

　全校集会で気持ちのよいあいさつの仕方を学習しました。

> 【教室に入る場面】ゆみこさんは何も言わずに教室に入ってきます。教室の友達も気づかないので，だれもあいさつをしません。

　そこで，子どもたちと何が問題か話し合いました。その後，ゆみこさんは大きな声で「おはよう」と言って戸を開けて入ってくることができました。友達も口々に「おはよう」と笑顔で返しました。

> 【近所の場面】しんいちさんは近所のおじさんに声をかけられても，もじもじして声が出ません。

　地域の方にあいさつができない子が多かったので，こんな劇を見せました。そこで，教室に帰って，いろいろな人に，相手の目を見て笑顔で，ちょうどよい声ではっきりとあいさつする練習をすることにしました。

> 1　みんなでまるくなって，あいさつの言葉回しをしました。
> 　「○○さん，おはようございます」と言うと「○○さん，おはようございます」と返していきます。「おやすみなさい」「おじゃまします」など，いろいろなあいさつを練習しました。
>> きちんと目を見てあいさつをすることや，あいさつをすることが気持ちのよいものであるということ等がよくわかったようです。

指導のポイント

○短い劇（モデル）は，学校の実態によって，校門や児童玄関等での場面も考えられる。また，学校でのあいさつがうまくいっている実態であれば，地域の人とのあいさつを取り上げてもよい。（上記の「たより」参照～全校での短い劇で，二つのモデルを用意した）児童の実態に合わせて，何を獲得させたいかねらいをはっきりさせてモデルを用意する。
○学級でのリハーサルは短い劇（モデル）で見たとおりのことをすぐに始めるのがよいとされている。しかし，あいさつの場合は，声を出したり隣同士でコミュニケーションをとらせたりしたいので，「あいさつの言葉回し」から入るようにした。声が出るようになって，心が解放され，次の学習への意欲づけになる。

2 教室に入るとき，「おはよう」とあいさつをする練習をしました。

　教室に入ってくるとき，当校の子はあまりあいさつをしていません。そこで，1人ずつあいさつをする体験をしました。戸を開けて大きな声であいさつして入ってくると，全員が「おはよう」という大きな声で返しました。全員が何ともいえない気持ちよさを感じ，感動していました。

3 いろいろな人にあいさつができるように，役を決めてあいさつをし合いました。

　「近所のおばさん」「写真屋さん」「PTAの役員」等の役割を決めてあいさつをしました。いろいろな人にあいさつができるようにと願っています。

4 児童の振り返りより

＊授業から
- 教室に入るときに，どきどきしたけど思いきって元気に「おはよう」ってあいさつをしたら，みんなの大きな「おはよう」が返ってきたので，すごくうれしくなった。あいさつをするのが気持ちよくて，楽しかった。
- みんなにあいさつをしていたら，心がほかほかしてきた。
- だれとでもあいさつすると心がすっきりした。しっかりすると相手が笑顔になることがわかった。

＊トライ・トライカード（あいさつのチェックカード）より
- 地域の方にあいさつができるようになってきました。カードの反省からうれしさが伝わってきます。「地域の方にあいさつをしたら『えらいね。元気いいね』ってほめられた」「地域の方にもっともっとあいさつをしたくなった。あいさつを返してもらってうれしかった」
- 通学のときに友達と会っても「おはよう」のあいさつをしていない地域がありました。友達とのあいさつは，まだまだぎこちないようです。ご家庭でもあいさつをお願いします。

エピソード

　「先生。うちの子と一緒に歩いていたら，ずっと先にいた近所の人にまで『こんにちは』と大きな声で言うもんで，ビックリしました。わたしもあわてて，あいさつしました」保護者の方から上記の話を聞きました。確かに2年生と校外学習で地域を歩いていると，子どもたちは大きな声で，遠くで働いている地域の方々にあいさつをするのです。

　ちょっと前までは，地域の方に「子どもたちは，ランドセルを下ろすと（学校以外では）あいさつを忘れる」と言われていたのでうれしいかぎりです。

3. 友達の話を上手に聴こう

〈上手な聴き方〉
- いましていることをやめる
- 相手を見る
- 反応する（うなずく，相づちを打つ）
- 最後まで話を聴き，関係のあるコメントを返す

上手に　きく　→　聴く　＞　聞く
聴く＝「耳」＋「目」「心」
耳だけでなく，目と心で話を聴く

今度のお楽しみ会で手品大会をやろうと思うんだけど，どう？

うんうん

なるほどー　手品大会かー。

手品大会おもしろそうだけど，ぼくはやっぱりドッジボールがいいと思うなあ。

うん，うん，いいねぇ〜

ねらい

○聴くことは積極的な活動で，人間関係を築くために大切であることを理解する。（知識）
○上手な聴き方の四つのスキルを身につける。（技能）

学習の流れ

全校での学び 15分 ⇨ P.58〜59

1 **モデリング（1）**
　○好ましくないモデル（グループでの話し合いの場面）を示す。
　・好ましくない聴き方をされた友達Aがしだいに元気をなくしてしまう様子をわかりやすく表現する。

2 **言語的教示（インストラクション）**
　○友達Aががっかりし，途中で話をやめてしまったのは，聴く人B〜Eの聴き方に原因があることを伝える。
　○友達Aが最後まで元気に話すことができるように聴く人B〜Eに「秘密のカード」を渡す。
　○児童には，カードにどんなことが書いてあったのかを考えるように指示し，好ましいモデルを示す。

3 **モデリング（2）**
　○好ましいモデル（グループでの話し合いの場面）を示す。
　・聴く人B〜Eがそれぞれ四つのターゲットスキルを強調した上手な聴き方で聴く。友達Aは最後まで話をすることができ，話し合いはあたたかい雰囲気で終わる。

4 **言語的教示（インストラクション）**
　「秘密のカード」にはどんなことが書いてあったかを考えさせながら，四つの身につけたいスキルを確認する。

学級での学び 30分 ⇨ P.60（低学年），P.62（中学年），P.64（高学年）

1 **リハーサル（1）**
　＜低学年＞　　　学級の係のネーミングを考える場面
　＜中・高学年＞　お楽しみ会の出し物を考える場面
　シナリオは拡大したり，人数分印刷したりし，練習しやすいように準備する。

2 **リハーサル（2）とフィードバック**
　＜低・中学年＞　「好きなものを教えてね」
　＜高学年＞　　　「じっくり聴こう1分間」

3 **振り返り**
　○振り返りカードに記入させる。
　○シェアリングをする。（みんなで感想を発表し合う。）
　◇「トライ・トライカード」の説明をする。

一人一人の学び

般化
　○話を聴く場面を設定し，「トライ・トライカード」を使って自己評価させる。
　○金曜日に，1週間の取組みを振り返らせる。

✏ ワークシート→P.66〜67

全校での学びの進め方 ―3. 友達の話を上手に聴こう―

		教師の働きかけ	留意点など
1	モデリング（1）	今日は「上手な聴き方」の学習です。最初に短い劇を見てください。 【好ましくないモデル：グループでの話し合いの場面】 　グループで，学級のお楽しみ会の出し物について話し合っています。Ａさんはいいアイディアが浮かび，これからみんなに提案するようです。さあ，４人の友達は，どのような聴き方をするでしょう。よく見ていてください。 Ａさん　「今度のお楽しみ会，手品大会をやるのはどう？」 きく人Ｂ　（ノートに絵をかいて，聴いていない） きく人Ｃ　（いすをがたがたさせたり，よそ見したりしている） きく人Ｄ　（ほおづえをつき，つまらなそうに）「いいんじゃない」 きく人Ｅ　（Ａの「お楽しみ会」という言葉を聞いただけで，） 　　　　　　「ドッジボールが盛り上がるよね。みんな好きだしさ〜」 Ａさん　「ねえ，ちょっと……」 　　　　（悲しい表情をし，ため息をついて話すのをやめる）	「友達の話を上手に聴こう」を提示する。 提示 〈上手な聴き方〉 Ｂ　していることをやめない子 Ｃ　よそ見している子 Ｄ　反応しない子 　（つまらなそうにする） Ｅ　話を最後まで聴かず関係ないことを言う子
2	言語的教示（インストラクション）	Ａさんは，悲しそうな様子ですね。インタビューしてみます。 教示者　「Ａさん，提案する前は元気だったのに，どうしてため息をついて途中でやめてしまったのですか？」 Ａさん　「せっかく考えたアイディアなのに，みんな全然聴いてくれないので，悲しい気持ちになりました。もう話し合いを続けたくないなあと思ったんです」 友達は聴いていなかったのでしょうか。インタビューします。 教示者　「Ａさんの話を聴いていなかったのですか？」 きく人Ｂ　「きいてたよ。手品大会やるって」 きく人Ｃ　「そうそう。きいてた。きいてた」 きく人Ｄ　「わたし，『いいんじゃない』って言ったよ」 きく人Ｅ　「ぼくはドッジボールが盛り上がるって言ったし……」 Ａさんが，自分の話をしっかり「聴いて」もらったように感じていないのは，Ｂ〜Ｅさんの聴き方に原因があります。 　話を「きく」という漢字には２とおりあります。「聞く」と「聴く」です。「聞く」は，音や声が聞こえてくるイメージで，「聴く」は人の話を自分から積極的に「聴く」という意味です。Ｂ〜Ｅさんは，話を積極的に聴いてはいませんでした。その結果，Ａさんはやる気をなくしてしまったのです。友達の話をこのように聞い	板書イメージ ⇒ P.56 提示 きく　聴く　聞く 教示者がＢ〜Ｅにカードを渡す。 Ｂ「していることをやめる」 Ｃ「友達を見る」

	ていては，これから仲よくすごすことができなくなります。　そこで，ここにある，上手な聴き方ができる「秘密のカード」を1枚ずつB〜Eさんに渡します。カードに書いてあることを守って話を聴いてもらえば，Aさんは最後まで元気に話を続けられるはずです。みなさんも，このカードにどんなことが書いてあるか考えて二つめのモデル（劇）を見てください。	D「反応する（相づち・うなずき）」 E「最後まで聴き，関係のあるコメントを返す」
3　モデリング（2）	【好ましいモデル：グループでの話し合いの場面】 　Aさん　「今度のお楽しみ会，手品大会をやるのはどう？」 　聴く人B　（絵をかくのをやめて，聴く） 　聴く人C　（姿勢を直し，<u>Aを見て聴く</u>） 　聴く人D　（うなずきながら）「うん，うん。いいねえ〜」 　聴く人E　「手品大会もおもしろそうだけど，みんなが好きなドッジボール大会も盛り上がると思うなあ〜」 　Aさん　「そう？　みんなはどう思う？」（と，話し合いが進む）	E　相手の考えを受け入れて自分の意見を伝える言い方
4　言語的教示（インストラクション）	Aさんのグループは，活発な話し合いを続けられたようですね。ところで，「秘密のカード」にはどんなことが書いてあったか，わかりましたか？　順番に発表してもらいましょう。 ①いま，していることをやめる 　話しかけられて，それを聴かなければならない場合，していることをやめます。これで話している人への「わたしは話を聴いているよ」というサインになります。 ②相手を見る 　話している友達を見ます。そうすることで，友達は自分の話を聴いてもらえるな，という安心感がわきます。 ③反応する（うなずき，相づち，返事など） 　友達の話が始まったら，「うん，うん」「そうだね」などと反応しましょう。話している友達は，とても勇気がわいてきます。 ④最後まで聴き，関係のあるコメントを返す 　友達の考えと違う意見のときは，「つまらない！　嫌だ」などと頭ごなしに否定せず，相手の意見を受け入れてから，自分の考えを伝えます。すると，自分の考えがあたたかいメッセージとして相手に伝わり，これからも仲よくすごしていくことができます。 　「耳だけでなく目と心でも聴く」ことができる人は，上手な聴き方のできる人であり，友達づくりの名人です。 　さあ，これから教室に戻って練習開始です。	「秘密のカード」をB〜Eが順におもてに返しながら確認していく。 提示 いましていることをやめる 相手を見る 反応する（うなずく，相づちを打つ） 最後まで話を聴き，関係のあるコメントを返す 話の途中で話をさえぎると，話が脱線したり，話し手を不快な思いにさせてしまうことがある。

⬇

教室へ移動してリハーサルを行う。

学級での学びの進め方　低学年　－3. 友達の話を上手に聴こう－

1　リハーサル（1）
【学級の係のネーミングを考える場面】
◎教室に戻ったら，すぐにリハーサルを開始する。
・低学年の場合，子ども用資料は，配布するより拡大して黒板に提示するほうがよい。
○2人組でわたし役・友達役を決める。
・ペアの編成には配慮する。
○2人で1枚のポスターをかいているところから始める。
○わたし役がうなずきながら，「いいね，それにしよう」と返せるように働きかける。
○役を交代して行う。

シナリオ

友達　「ねえ，○○さん！」
わたし　（ポスターをかくのをやめて，友達に目と体を向けて）「何？」
友達　「黒板係さ，けしけし係って名前にしたらどうかな？」
わたし　「いいね。それにしよう！」

ロールプレイの3ステップ（P.34参照）
＜ステップ1＞
シナリオを見ながら3回繰り返す。
＜ステップ2＞
相手を見て伝える。
＜ステップ3＞
自分らしい言葉に変えたり動作を入れたりして伝える。

2　リハーサル（2）とフィードバック
【好きなものを教えてね】
○3人組でわたし役・友達役・インタビュー役を決める。
・役割ネームカードを付けさせたり，役割席をつくったりして子どもが混乱しないようにする。
・本時は聴き方の練習なので，好きなものはあらかじめ考えさせておき，スムーズに活動に入れるようにする。
○役を交代して行う。
○練習の成果を発表し，よさを伝え合う（フィードバック）。

シナリオ

インタビュー役
　「○○さん（友達役）の好きな色と果物と野菜を教えてください」
友達
　「わたしの好きな色は□□，好きな果物は△△，好きな野菜は☆☆です」
わたし
　（友達を見て，うなずきや相づちを入れながら聴いた後，）
　「○○さんの好きな色は□□，好きな果物は△△，好きな野菜は☆☆ですね？」
　（友達役が答えたことを復唱し，確認する）
友達
　「そうです」
　（もし違っていたら友達役が教えてあげる）

3　振り返り
○「ふりかえりカード」を使って学習を振り返る。
・心地よさを共有し，般化を促す。
◇「トライ・トライカード」の説明をする。

子ども用 〈低学年〉

リハーサル（1）
～学級の係のネーミングを考える場面～

① 黒板係になった2人がポスターを作っています。友だちが、係の名前をそうだんしてきました。

（友だち）「ねえ、○○さん！」

② 「なに？」

ポイント
・していることをやめる。
・目と体を向ける。

③ （友だち）「黒板係さ、"けしけし係"っていう名前にしたらどうかな？」
（わたし）「いいね！それにしよう！」「うん うん」

ポイント
・うなずきを入れる。
・あたたかいコメントをかえす。

〈シナリオ〉
　黒板係になった2人がポスターを作っています。友だちが、係の名前をそうだんしてきました。

友だち「ねえ、○○さん！」
わたし（ポスターをかくのをやめて、友だちに目と体を向けて）「なに？」
友だち「黒板係さ、"けしけし係"っていう名前にしたらどうかな？」
わたし「いいね！　それにしよう！」

リハーサル（2）
～好きなものを教えてね～

① （インタビュー）「○○さんの好きな色とくだものとやさいを教えてください。」

② （わたし）「わたしの好きな色は□□、好きなくだものは☆☆、好きなやさいは△△です。」「うん うん」

③ （インタビュー）「○○さんの好きな色は□□、好きなくだものは△△、好きなやさいは☆☆ですね。」
（わたし）「そうです。」

④ ※もし、ちがっていたら、もういちど教えてあげよう。
（ともだち）「わたしの好きな色は□□です。」

今日の学しゅうをふりかえり、気づいたことをはっぴょうしよう。

学級での学びの進め方　中学年　−3. 友達の話を上手に聴こう−

1　リハーサル（1）
【お楽しみ会の出し物を考える場面】
◎教室に戻ったら，すぐにリハーサルを開始する。
・子ども用資料を配布したり，拡大して黒板に提示したりする。
○3人組で話す人，聴く人A，聴く人Bの役割を決める。（グループ編成には配慮すること。）
・聴く役A・Bには，自分の行うスキルを意識してリハーサルをするように働きかける。
　A役＝していることをやめて相手を見る。
　　　　相づちを入れて話に反応する。
　B役＝うなずく。関係あるコメントを返す。
○教師の「それでは，班で出し物について話し合ってください」の合図で開始する。
○ロールプレイの3ステップで練習する。

シナリオ

> 話す人　「ねえ，考えがあるんだけど！」
> 聴く人A　（絵をかくのをやめ，話す人を見て）
> 　　　　「何？」
> 聴く人B　「何？」
> 話す人　「手品大会がいいと思うんだけど，どう？」
> 聴く人A　「そうだね。おもしろそう！」
> 聴く人B　（うなずきながら聴いた後，）
> 　　　　「ぼくは，手品大会もいいけど，みんなが好きなドッジボール大会も盛り上がると思うな」
> 話す人　「そっか。じゃ，もっとよく話し合おうよ」
> 聴く人A・B「そうだね！」

2　リハーサル（2）
【好きなものを教えてね】
○2人組で向かい合い，インタビューし合う。
・「好きなもの」はあらかじめ考えさせておく。
・児童の実態に応じて「色」「果物」「野菜」のほかにテーマを考えてもよい。
○その後，ほかの2人組と4人組になって，ペアになった相手の好きなものについて紹介し合う。
・子どものリハーサルの様子を見て回り，賞賛したり励ましたり，ときには修正させたりする。

シナリオ

> ＜2人組の場面＞
> A　「Bさん（友達役）の好きな色と果物と野菜を教えてください」
> B　「わたしの好きな色は□□，好きな果物は△△，好きな野菜は☆☆です」
> 〜AとBの役を交代し，行う〜

↓

> ＜4人組の場面＞
> B　（ほかのグループの2人組C・Dに向かって）
> 　「Aさんの好きな色は□□，好きな果物は△△，好きな野菜は☆☆です」
>
> ほかの3人についても同様に行う。

3　振り返り
○「ふりかえりカード」を使って学習を振り返る。
・心地よさを共有し，般化を促す。
◇「トライ・トライカード」の説明をする。

子ども用 〈中学年〉

リハーサル（1）
～お楽しみ会の出し物を考える場面～

① お楽しみ会の出し物について、班で話し合います。

（話す人）「ねえ、考えがあるんだけど！」
（聴く人A）「なになに？」
（聴く人B）「なに？」

ポイント
・いましていることをやめる。
・話す人を見る。

② （話す人）「手品大会がいいと思うんだけど、どう？」
（聴く人A）「そうだね。手品大会おもしろそう！」
（聴く人B）「ぼくは、手品大会もいいけど、ドッジボール大会もおもしろいと思うな。」
「うん、うん」

ポイント
・うなずきや相づちを入れる。
・関係のあるコメントを言う。

③ （話す人）「そっか。じゃ、もっとよく話し合おうよ。」
（聴く人A・B）「そうだね！」

〈シナリオ〉
　お楽しみ会の出し物について、班で話し合います。

話す人	「ねえ、考えがあるんだけど！」
聴く人A	（絵をかくのをやめて）「なになに？」
聴く人B	（話す人を見て）「なに？」
話す人	「手品大会がいいと思うんだけど、どう？」
聴く人A	「そうだね。手品大会おもしろそう！」
聴く人B	（うなずきながら聴いた後、）「ぼくは、手品大会もいいけど、ドッジボール大会もおもしろいと思うな」
話す人	「そっか。じゃ、もっとよく話し合おうよ」
聴く人A・B	「そうだね！」

リハーサル（2）
～好きなものを教えてね～

① 2人で向かい合って、インタビューをします。
　2人で話し合ったことを、4人で伝え合います。

2人組

（A）「Bさんの好きな色とくだものと野菜を教えてください。」
（B）「わたしの好きな色は□□、好きなくだものは△△、好きな野菜は☆☆です。」

AとBの役を交代します。

② ほかの2人組と合流して4人組になります。
　AがB、BがAの好きなものについて、ほかの2人組（C、D）に紹介します。

4人組

（B）「Aさんの好きな色は○○、好きなくだものは☆☆、好きな野菜は□□です。」
（C）「うんうん」
（D）「へぇー」

順番に伝え合います。

今日の学習をふりかえり、気づいたことを発表しよう。

学級での学びの進め方　高学年　－3. 友達の話を上手に聴こう－

1　リハーサル（1）
【お楽しみ会の出し物を考える場面】
◎教室に戻ったら，すぐにリハーサルを開始する。
・子ども用資料を配布したり，拡大して黒板に提示したりする。
○3人組で話す人，聴く人A，聴く人Bの役割を決める。（グループ編成には配慮すること。）
・聴く役A・Bには，自分の行うスキルを意識してリハーサルをするように促す。
　A役＝していることをやめて相手を見る。
　　　　相づちを入れて話に反応する。
　B役＝うなずく。関係あるコメントを返す。
○教師の「それでは，班で出し物について話し合ってください」の合図で開始する。
○ロールプレイの3ステップで練習する。

シナリオ

話す人	「ねえ，提案があるんだけど！」
聴く人A	（絵をかくのをやめ，話す人を見て）「何？」
聴く人B	「何？」
話す人	「手品大会がいいと思うんだけど，どう？」
聴く人A	「そうだね。手品大会おもしろそう！」
聴く人B	（うなずきながら聴いた後，）「ぼくは，手品大会もいいけど，みんなが好きなドッジボール大会も盛り上がると思うな」
話す人	「そっか。じゃ，もっとよく話し合おうよ」
聴く人A・B	「そうだね！」

2　リハーサル（2）とフィードバック
【じっくり聴こう1分間】
○3人組で話す人・聴く人・アドバイザーの役割を決める。
○話す人は話すテーマを事前に考えておく。
・お助けシート「話す人」に話したいことをメモしておく（P.68）。
○話す人が1分間，話をする。
○聴く人は，①相手を見る②うなずく・相づちを入れる③最後まで聴いて質問・コメントをする。
○聴く人は，話す人の話が続かなかった場合，質問したりコメントしたりする。
・お助けシート「聴く人」を活用する。
・話をじっくり聴くことが目的である。話の途中で質問し，話をさえぎることがないように注意する。
○アドバイザーは，聴く人が上記の①②③を行いながら聴いているか，チェックしながら様子を見る。
○アドバイザーは，話す人に話を聴いてもらった感想を質問する。
・お助けシート「アドバイザー」を活用する。
○アドバイザーは聴く人の①②③について伝える（フィードバック）。
・お助けシート（P.68）「アドバイザー」を活用する。
・よかったところはほめ，聴き方で修正が必要なところは，アドバイスする。
　例「相手を見ていたのはよかったです。うなずきをもっと大きくしたほうがよくなると思います」など

3　振り返り
○「ふりかえりカード」を使って学習を振り返る。
・心地よさを共有し，般化を促す。
◇「トライ・トライカード」の説明をする。

子ども用 〈高学年〉

リハーサル（1）
～お楽しみ会の出し物を考える場面～

① お楽しみ会の出し物について、班で話し合います。

「ねえ、提案があるんだけど！」
「なに？」
「なになに？」

話す人
聴く人A
聴く人B

ポイント
・いましていることをやめる。
・話す人を見る。

② 「手品大会がいいと思うんだけど、どう？」
「うんうん」
「うんうん」
「そうだね。手品大会おもしろそう！」
「ぼくは、手品大会もいいけど、ドッジボール大会もおもしろいと思うな。」

ポイント
・うなずきや相づちを入れる。
・関係のあるコメントを言う。

③ 「そっか。じゃ、もっとよく話し合おうよ。」
「そうだね！」
「そうだね！」

〈シナリオ〉
お楽しみ会の出し物について、班で話し合います。

話す人　　「ねぇ、提案があるんだけど！」
聴く人A　（絵をかくのをやめて）「なになに？」
聴く人B　（話す人を見て）「なに？」
話す人　　「手品大会がいいと思うんだけど、どう？」
聴く人A　「そうだね。手品大会おもしろそう！」
聴く人B　（うなずきながら聴いた後）「ぼくは、手品大会もいいけど、ドッジボール大会もおもしろいと思うな」
話す人　　「そっか。じゃ、もっとよく話し合おうよ」
聴く人A・B　「そうだね！」

リハーサル（2）
～じっくり聴こう1分間～

① 「わたしが行ってみたいところは、○○です。なぜかというと…」

1分間話をする。
〈例〉
・昨日のこと
・好きなもの
・行ってみたいところ　など
・もしも○○だったら

話す人
聴く人
チェックするアドバイザー

「うんうん」

② ①相手を見る。
②うなずく。相づちを入れる。
③コメントを返す。

をくり返しながら友だちの話を聴く。

「うんうん」
「へぇ～。」
「そこ、テレビで見たことあるよ。」

③ 話が止まったら…

「そこへはだれと行きたいですか。」

質問やコメントをしよう。

← 質問・コメントヒントカード

④ ～1分後～

「聴く人」に対して
「○○のスキルがよくできていました。」

「話す人」に対して
「1分間、話を聴いてもらって、どんな気持ちがしましたか。」

今日の学習をふりかえり、気づいたことを発表しよう。

友だちの話を上手に聴こう
ふりかえりカード

年 組	名前

1 全校で，お話を聞いたり，げきを見たりしました。わかったことや気づいたことは何ですか。

------

2 教室で，友だちの話を聴く練習をしました。次のことはできましたか。あてはまるものに○をつけましょう。

(1) 相手を見て話を聴くことができましたか。

① できた	② 少しできた	③ あまりできなかった	④ できなかった

(2) うなずいたりあいづちをうったりして聴くことができましたか。

① できた	② 少しできた	③ あまりできなかった	④ できなかった

3 教室で「友だちの話を上手に聴く」の練習をして，感じたことや思ったことを書きましょう。

3．友達の話を上手に聴こう

トライ・トライカード

「友だちの話を上手に聴こう」

年	組	名前

＊取組み期間中は，話を聴く場面を設定して行います。

月・日	取り組んだ時間	していることをやめて聴いた	相手を見て聴いた	うなずき・あいづちを入れて聴いた	最後まで聴いてからコメントを返した（質問・感想）
／					
／					
／					
／					
／					
／					
／					

よくできた◎　できた○　まあまあ△　だめ×

＊取組みをふりかえって，感想を書きましょう。

お助けシート
「～じっくり聴（き）こう1分間～」

年	組	名前

話す人
☆1分間話すためのテーマを決めて，あらかじめメモをしておきましょう。
（テーマ：昨日（きのう）のこと・好きなもの・行ってみたいところ・もしも○○だったら……）
＜メモ＞

聴く人
☆話す人を「見て」「うなずき・相づちを入れながら」話を聴きましょう。
☆話す人の話を「最後まで」聴きましょう。話が途中（とちゅう）で止まったら，質問（しつもん）したり・感想を言ったりして話が続くように工夫して聴いてみましょう。

＜コメントカード（例）＞

昨日のこと	好きなもの	行ってみたいところ	もしも○○だったら……
・それからどうした？ ・○○についてくわしく教えて？ ・そのときどんな気持ちだった？ 　　　　　　など	・どうして好きなの？ ・ほかに好きなものは？ ・それについての自分の感想 　　　　　　など	・どうして行きたいの？ ・だれと行きたいの？ ・そこでどんなことをしたいの？ ・自分はどこへ行きたいか。　など	・なぜ○○になりたいの？ ・○○だったら何をしたい？ 　　　　　　など

アドバイザー
☆話す人に質問！　「1分間話を聴いてもらってどんな気持ちがしましたか？」

☆聴く人にアドバイス！
①相手（話す人）を見て話を聴いていたか。
②うなずき・相づちを入れて聴いていたか。
③最後まで話を聴いてから，質問したり感想を言ったりしていたか。

上手な聴き方の学習の留意点

★ワークシート類の活用について

1 「トライ・トライカード」の活用方法

　般化の期間中は，話を聴く場面を毎日設定して行います。例えば，朝の会，国語の時間，学級会活動の時間などに「上手な聴き方で友達の話を聴きましょう」と呼びかけ，「トライ・トライカード」で四つのスキルを意識させながら活動を行います。1週間ほど毎日行うことで，子どもたちは四つのスキルを身につけられるようになります。

　「トライ・トライカード」は自己評価するようになっていますが，自分への評価がうまくできない子がいる場合は，3人組などで取り組ませ，アドバイザー係を決めて評価してもらうという方法も考えられます。

2　高学年リハーサル（2）「お助けシート」の活用方法

・「話す人」

　テーマを選択させたり，メモを書かせたりすると，話がしやすくなります。例えば以下のような話題が考えられます。

　　　　　例：昨日のこと「見たテレビ番組について」「ゲームを攻略したこと」
　　　　　　　好きなもの「ゲーム」「芸能人」
　　　　　　　行ってみたいところ「宇宙」「外国」
　　　　　　　もしも○○だったら……「もしも空を飛べたら」「もしもほかの動物になれるとしたら」

・「聴く人」

　「話す人」が1分間話を続けられないこともあります。話が続かなければ，聴く学習ができません。そのための手だてとして，聴く人は「お助けシート」にある〈コメントカード（例）〉を活用します。活用に際しては，次のことに留意します。

　①話す人が話し終わっていないのに，質問したり感想を言ったりすると「話の腰を折る」ことになること

　②話す人のある言葉だけに反応し，「知ってる，知ってる！　それってさあ……」などと話題を奪ってしまい，話す人と聴く人が逆転してしまうこと

・「アドバイザー」

　聴く人へアドバイスをするときには「あたたかいメッセージ」で伝えられるように指

導してください。いくら正しいことを伝えたとしても，「○○さんは，うなずいていなかったのでダメです」などと否定的なコメントでは，言われた子どもは落ち込んでしまうだけです。よいところをしっかりほめ，うまくできなかったところは「こうするとよくなるよ」と具体的にアドバイスできるように指導する必要があります。アドバイザーのフィードバックを受けて，スキルが磨かれていくよう働きかけます。

★いつでも，どこでも「上手な聴き方」?!
　〜モデリング・リハーサルの場面設定〜

　上手な聴き方の学習をすると，いつでも，どこでも「いましていることをやめて」「目を見て」相手の話に耳を傾けなければならないと考えてしまう子がいます。しかし聴くことができない場面は日常生活にたくさんあります。読書に没頭しているとき，パソコンで調べ学習をしているとき，やらなければならない課題に取り組んでいるとき，ほかの子と話をしているとき……などです。いま話しかけてもいいかどうかを判断することも，話し手にとって重要なソーシャルスキルの問題になります。そこで，モデリングやリハーサルは，話しかけられた人が必ず聴かなければならないような場面で行うよう留意します。具体的には，話し合い活動場面や発表場面などが適切でしょう。また，友達同士の人間関係をより円滑にしていくために，登下校中や休み時間中の何げない会話の場面などを取り上げることも有効です。

★ソーシャルスキルと学習スキル

　授業中のルールとして，先生が子どもたちに「姿勢をよくして，手いたずらをしないで，体を向けて」話を聴くように指導することがあります。これは，学習するためのスキルです。本稿のソーシャルスキルは，仲間とつながる力を高めることをねらいとしています。両者は，スキルとしては共通している点が多いですが，ねらいが違います。指導者は，二つを混同しないように実践することが大切です。なぜなら，学習スキルはルールとして必ず守ることが強く要求されます。ソーシャルスキルをこのような形で定着させるのは，少し乱暴です。スキルの実行によって，心地よさを体験させながらゆっくり身につけさせることが必要だからです。

★「上手な聴き方」を身につけるために〜般化の工夫〜

　上手な話の聴き方を取り入れた実践例をいくつか紹介します。

＜実践1：新年度や学期始めに友達と伝え合う＞
（1）活動手順：中学年リハーサル（2）と同様
（2）内容
　　例1　自己紹介（自分の名前・好きな食べ物・がんばりたい学習など）
　　例2　夏休み中の思い出（楽しかったこと・がんばって取り組んだこと）
　　例3　新年の誓い（今年の目標，学習面・生活面でがんばること）
（3）実践のポイント

自分のがんばりたいことや目標などを友達から伝えてもらうことで，目標に対する自覚が高まるようです。決意表明などをさせたいときにも，2人組→4人組の伝え合い活動の形式を用いるのもよいかもしれません。

＜実践2：朝の会の1分間活動で＞
（1）活動手順
　　①輪番で発表者を決める。
　　②発表者はくじやサイコロなどで出た数字のテーマについて1分間話をする。
　　③質問・感想役を決めておき，発表する。
　　④そのほかにも質問・感想があれば発表する。
（2）実践のポイント

```
話のテーマ例
1  昨日のこと
2  いま，はまっていること
3  なぞなぞ・クイズ
4  将来の夢
5  ほしいもの
6  好きなテレビ番組
```

子ども自身が話したい・聴きたいと感じるテーマを一緒に考えるのがポイントです。関心ある内容は，だれでも積極的に聴こうとします。この時間は教師自身も四つのスキルを意識しながら聴きます。もし，発表者の話が止まってしまうことがあったら，「高学年のリハーサル（2）」のように，「そのときどんな気持ちだったの？」「○○についてもう少し詳しく話してみて」などと，関係のあるコメントを返し，聴き方のモデルを示します。

＜実践3：高学年～新聞記事を紹介し合う～＞
（1）活動手順：中学年リハーサル（2）と同様
（2）実践のポイント

社会（世の中）の様子に関心を向けさせるため「①新聞を読み，②興味をもった記事をノートにまとめ，③感想を書いてくる」課題を出します。社会科の学習の導入などで，2人組→4人組で伝え合う活動を行います。

実際に行ったときには，活動に慣れてきた様子を見計らい，4人組のなかから代表を選び，自分が聴いた友達の記事をクラス全体に発表する時間を設けました。つながりと学びが「2人→4人→全体」へと広がることができました。

第2章 全校一斉方式SSEプログラム

4. 仲間に入ろう　友達をさそおう

〈仲間の入り方・さそい方〉

|相手を見る|
|自分の気持ちをはっきりと|

「仲間に入れて」
「一緒に〜しよう」

|聞こえる声で言う|

（近づいたり，手まねきしたり）

|自分も相手も大切にした伝え方|

わたしの言い方で
「入れて！」
笑顔で手まねき
「一緒にやろう」
「いいよ」「ありがとう」
でうれしくなるね

(P.41)

オオカミの言い方や，リスの言い方にならないように。

（コマ1）Aさん／Bさん
（コマ2）Aさーん！
（コマ3）Aさんもいっしょにあそぼう！／うん，やる！
（コマ4）行こう！／ありがとう！／おーい／こっちこっち！

ねらい
○仲間に入りたいという自分の気持ちの伝え方と仲間に入りたいと思っている友達をさそうことの大切さやさそい方を理解する。（知識）
○仲間の入り方・さそい方のスキルを身につける。（技能）

4. 仲間に入ろう　友達をさそおう

学習の流れ

全校での学び 15分　⇨ P.74〜75

1　言語的教示（インストラクション）
　○遊びの仲間に入りたかったけれどなかなか言い出せなかったり，友達から遊びにさそってもらえなかったりして寂しかったことを思い出させる。
　○「仲間に入れて」「一緒に遊ぼう」の言葉を使って，遊びのなかに自分から入ったり，上手にさそってあげたりすることは，友達と仲よくすごすためにとても大切であることを伝える。

2　モデリング
　○好ましくないモデル（声をかけられず困っている場面）を示す。
　・Aさんはドッジボールをしているbさんたちの遊びに入りたいが，どうやっていいのかわからないでいる。
　○好ましいモデル（自分から声をかける場面）を示す。
　・ドッジボールをして遊んでいるBさんたちに近づいていって，自分から「仲間に入れて！」と言う。
　○好ましくないモデル・好ましいモデル（友達を遊びにさそう場面）を示す。
　・大縄跳びをして遊んでいるBさんたちが，遅れてきたAさんを遊びにさそうとき，相手に伝わらない方法と，しっかりと相手に伝わる方法で行う。

3　言語的教示（インストラクション）
　自分も相手も大切にした伝え方　①相手を見る　②自分の気持ち「入れて」「一緒に遊ぼう」をはっきりと　③聞こえる声で　伝える。

学級での学び 30分　⇨ P.76（低学年），P.78（中学年），P.80（高学年）

1　リハーサル（1）とフィードバック
　＜低学年＞　鬼ごっこをして遊んでいる仲間に入れてもらう場面
　＜中学年＞　花いちもんめをして遊んでいる仲間に入れてもらう場面
　＜高学年＞　トランプをして遊んでいる仲間に入れてもらう場面

2　リハーサル（2）とフィードバック
　＜低学年＞　1人でいる友達をカルタ遊びにさそう場面
　＜中学年＞　1人でいる友達を迷路で遊ぼうとさそう場面
　＜高学年＞　いくつか設定した場面から選んでさそう。

3　振り返り
　○振り返りカードに記入させる。
　○シェアリングをする。（みんなで感想を発表し合う。）

一人一人の学び

般化
　○帰りの会で，「トライ・トライカード」を使って振り返らせる。
　○金曜に，1週間の取組みを振り返らせる。

✎ワークシート→P.82〜83

全校での学びの進め方 ― 4. 仲間に入ろう　友達をさそおう―

	教師の働きかけ	留意点など
1 言語的教示（インストラクション）	今日は，「仲間の入り方・さそい方」の学習です。みなさんは，休み時間に友達と楽しく遊んでいますね。でも，仲間に入れなくて悲しい思いをしたり，さそってもらえなくて寂しい気持ちになったりしたことがありませんか。 　友達と楽しく仲よくすごすためには，「入れて」とか「一緒に遊ぼう」という言葉を使って，仲間に入ったり，さそってあげたりすることが，とても大切です。 　では，仲間に入ったり，友達をさそったりするときの話し方について，短い劇（モデル）を見て学習しましょう。	「仲間に入ろう　友達をさそおう」を提示する。 提示 〈仲間の入り方・さそい方〉 板書イメージ ⇨ P.72
2 モデリング	【好ましくないモデル：声をかけられず困っている場面】 　Bさんたち6人が，ドッジボールをして遊んでいます。 　Aさん（Bさんたちを見つけ）「あ，いたいた（つぶやく）」 　Bさんたち（Aさんをちらっと見るが遊びは続いている） 　Aさん（コートの近くでうろうろして，何も言わない。休み時間が終わり，泣きそうにしている） 　Bさんたち（泣きそうなAさんを見て）「どうしたの？」 　Aさんにインタビューをしてみます。 　教示者「Aさん，泣きそうだったのはどうしてですか？」 　Aさん　「ドッジボールをしたかったけど，入れてもらえない気がして……。どうしていいかわからなかったんです」 　Bさんにインタビューしてみます。 　Bさん　「何も言わないから，どうしたのかなあ，入〜れてと言ってくれればいいのに，と思っていました」 　そうですね。遊びの仲間に入りたいときは「入れて」と言えばいいですね。 　（「自分も相手も大切にした伝え方」のスキルを確認する）では，今度はAさんに「ドッジボールに入れて」と言ってもらいましょう。 【好ましいモデル：自分から声をかける場面】 　Aさん（みんなに近づいてきて，大きな声で，にこにこと） 　　「ねえ，わたしもドッジボールに入れて！」 　Bさん（Aさんに気がついて）「いいよ。みんなー！　Aさんが『入れて！』だって」 　Bさんたち「いいよ。じゃあ，○○さんのチームね」 　Aさん「ありがとう」（満足そうに遊んでいる）	A　仲間に入りたいが，声をかけられずにいる。 B（複数人） ○BさんはAさんに気づくがほかの子たちは気がつかない。 提示 自分も相手も大切にした伝え方 相手を見る 自分の気持ちをはっきりと 「仲間に入れて」 「一緒に〜しよう」 聞こえる声で言う （近づいたり手まねきしたり）

	教示者 「Aさん，いまどんな気持ちですか？」 　Aさん 「自分から勇気を出して言ってみたら，みんなが仲間に 　　　　　入れてくれたのでうれしかったです」 　Aさんのように，にこにこしてはっきりと「入れて」と言えば，気持ちが伝わりますね。次は，友達を遊びにさそう場面です。	A 「自分も相手も大切にした伝え方」のスキルを行って声をかける。
2　モデリング	【好ましくないモデル：友達を遊びにさそう場面】 　Bさんたち5人が体育館で大縄跳びをしています。遅れて出てきたAさんは1人で短縄跳びを始めました。 　　Bさん（Aさんに気づいて）「一緒に遊ぼう」 　　Aさん（声は聞こえたような気がしたが，ほかの人たちが自 　　　　　分のことを見ていないので，また1人で遊ぶ） 　Bさんが「一緒に遊ぼう」と言っていました。でも，Aさんは遊びに入りませんでした。どうしてでしょう？ 　Aさん 「『遊ぼう』と聞こえたんだけど，ぼくの方を見ていな 　　　　　いから，ぼくのことじゃないと思っていました」 　では，Bさんたちはどうすればよかったのでしょう。 【好ましいモデル：友達を遊びにさそう場面】 　　Bさん　（Aさんに気づいて大縄をやめ，「自分も相手も大切 　　　　　　にした伝え方」のスキルを使いながら）「Aさんも一 　　　　　　緒に遊ぼうよ」（ほかのみんなもBさんと同じよう 　　　　　　にして，1人がAさんの手をつないでさそう。 　　Aさん　「うん！　やる！」（とてもうれしそうに）	B 「遊ぼう」と言っただけで，行動は起こさない。 「自分も相手も大切にした伝え方」のスキルを確認する。 ○仲間がみんなで声をかけたり，近づいて手をつないだりなどの動きを入れる。
3　言語的教示（インストラクション）	Aさんは，Bさんたちに，笑顔でさそってもらえてとてもうれしそうでした。みなさんも，こんなふうにして自分の気持ちを相手に伝えたり，遊びに入りたそうにしている子を見かけたら，上手にさそってあげたりしましょう。休み時間には，みんなが楽しくすごせますね。仲間に入るときも，仲間にさそうときも，「自分も相手も大切にした伝え方」①相手を見る②自分の気持ち「入れて」「一緒に遊ぼう」をはっきりと③近づいたり，手まねきしたりして，聞こえる声で伝えることが大切です。 　それでは，教室へ戻って練習を始めましょう。	

教室へ移動してリハーサルを行う。

学級での学びの進め方　低学年　―4. 仲間に入ろう　友達をさそおう―

教師用

1　リハーサル（1）とフィードバック
【鬼ごっこをして遊んでいる仲間に入れてもらう場面】

◎教室に戻ったら，すぐにリハーサルを開始する。
・低学年の場合，子ども用資料は，配布するより拡大して黒板に提示するほうがよい。
・次のものを拡大して提示し，必要に応じて活用する。

- ・ロールプレイの3ステップ（P.34）
- ・自分も相手も大切にした伝え方（P.41）

○班ごとに，わたし役Aさん，遊んでいるグループ役Bさんたちの役割を決める。
・初めは，抵抗なくできる者同士でさせてみる。
・自分も相手も大切にした伝え方を意識させる。
○役を交代して行う。
○教師の「鬼ごっこをして遊んでいるところにAさんが遅れてやってきました」の合図でリハーサルを開始する。
○ロールプレイの3ステップで練習する。
・上手に進めている班に，全体の前でさせ，教師がインタビューする（フィードバック）。
・気持ちよく「いいよ！」と答えられるようにする。
・鬼を決め直す方法と，そのまま続ける方法があることを助言する。

シナリオ

Aさん「ねえ，わたしも鬼ごっこに入れて」
Bさんたち「いいよ」
Cさん「みんな，集まって」＊
Aさん「ありがとう」
みんな「じゃあ，もう一度ジャンケンして鬼を決めよう」

＊集団遊びの場合，Cさんのセリフが大切

2　リハーサル（2）とフィードバック
【1人でいる友達をカルタ遊びにさそう場面】

○5人くらいの班で行う。
○班ごとに，さそう役A，遊んでいるグループ役Bさんたち，独りぼっち役Cの役割を決める。
○ロールプレイの3ステップで練習する。
・役割席をつくって，役割が明確になるようにしたり，マグネットを使って役割を明示したりする。
○それぞれの役を演じたときの気持ちについて，教師がインタビューする（フィードバック）。
・「誘い方が上手だった」というスキル面と「うれしかった」という気持ちの面を確認する（フィードバック）。

シナリオ

　AさんとBさんたちが，教室でカルタ遊びをしていました。そこへ，Cさんが教室に戻ってきました。
Cさん（カルタ遊びのグループを見ている）
Aさん（Cさんに近づき，①相手を見て笑顔で，②自分の気持ちをはっきりと，③聞こえる声で）「Cさんも一緒に遊ぼう」
Cさん「うん」
Bさんたち「（手を引いて）ここに入っていいよ」
Cさん「ありがとう」

3　振り返り
○「ふりかえりカード」を使って学習を振り返る。
・心地よさを共有し，般化を促す。
◇「トライ・トライカード」の説明をする。

子ども用 〈低学年〉

リハーサル（1）
〜おにごっこのなかまに入れてもらう場面〜

① おにごっこをして遊んでいるところに、Aさんがおくれてやってきました。

② ねえ、わたしもおにごっこに入れて。／いいよ！／みんな、集まって。

③ ありがとう。／じゃあ、もういちどジャンケンして、おにをきめよう。

〈シナリオ〉
　おにごっこをして遊んでいるところに、Aさんがおくれてやってきました。

Aさん　「ねえ、わたしもおにごっこに入れて」
Bさんたち　「いいよ」
Cさん　「みんな、集まって」
Aさん　「ありがとう」
みんな　「じゃあ、もういちどジャンケンして
　　　　おにをきめよう」

リハーサル（2）
〜友だちをカルタ遊びにさそう場面〜

① AさんとBさんたちが、教室でカルタ遊びをしていました。そこへ、Cさんが教室にもどってきました。

②

③ Cさんもいっしょに遊ぼう。／うん。

④ ここに入っていいよ。／ありがとう。

〈シナリオ〉
　AさんとBさんたちが、教室でカルタ遊びをしていました。そこへ、Cさんが教室に戻ってきました。

Cさん　（カルタ遊びのグループを見ている。）
Aさん　（Cさんに近づき、①相手を見て、②自分の気持ちをはっきりと、③聞こえる声で）「Cさんもいっしょに遊ぼう」
Cさん　「うん」
Bさんたち　「（手を引いて）ここに入っていいよ」
Cさん　「ありがとう」

今日の学しゅうをふりかえり、気づいたことをはっぴょうしよう。

教師用　学級での学びの進め方　中学年　―4. 仲間に入ろう　友達をさそおう―

1　リハーサル（1）
【花いちもんめをして遊んでいる仲間に入れてもらう場面】
◎教室に戻ったら，すぐにリハーサルを開始する。
・子ども用資料を配布したり，拡大して黒板に提示したりする。
・モデリングのドッジボール場面も活用できる。
・次のものを拡大して提示し，必要に応じて活用する。

・ロールプレイの3ステップ（P.34）
・わたしも相手も大切にした伝え方（P.41）

○班ごとに，わたし役Aさん，遊んでいるグループ役Bさんたちの役割を決める。
・初めは抵抗なくできる者同士でさせてみる。
○役を交代して行う。
○教師の「みんなで花いちもんめをしているところに，後からAさんが来ました」の合図でリハーサルを開始する。
○ロールプレイの3ステップで練習する。
○気持ちよく「いいよ！」と答えられるようにする。
・途中から仲間に入れるためには，遊びを最初に戻すのか，そのまま続けるのか選択させる。

シナリオ

Aさん　　　「ねえ，わたしも入れて！」
Bさんたち　「いいよ！」
Aさん　　　「ありがとう」
Bさんたち
　①案「どっちに入るかジャンケンして決めよう」
　②案「じゃあ，もう一度チームを決め直そう」

2　リハーサル（2）とフィードバック
【1人でいる友達を迷路で遊ぼうとさそう場面】
○班ごとに，さそう役A，遊んでいるグループ役Bさんたち，独りぼっち役Cの役割を決める。
○役を交代して行う。
○教師の「Cさんは，1人でぼーっとしていました」の合図でリハーサルを開始する。
○ロールプレイの3ステップで練習する。
○リハーサルの後，AがCに対して，自分の誘い方や誘われたときの気持ちなどをインタビューする（フィードバック）。
・①相手を見て，②自分の気持ちをはっきりと，③聞こえる声で伝えることを，押さえさせる。

シナリオ

Cさん（ぼーっとしながら，Bさんたちを見ている）
Aさん（Cさんに近づき，①相手を見て笑顔で，②自分の気持ちをはっきりと，③聞こえる声で）
　　「Cさんも，一緒に迷路で遊ぼう」
Cさん「うん」
Bさんたち「（手招きをしながら）こっち，こっち，この迷路やってみて」

3　振り返り
○「ふりかえりカード」を使って学習を振り返る。
・心地よさを共有し，般化を促す。
◇「トライ・トライカード」の説明をする。

子ども用 〈中学年〉

リハーサル（1）
～花いちもんめに入れてもらう場面～

① みんなが花いちもんめを楽しんでいるところに、後からAさんが来ました。

♪かーって うれしい 花いちもんめ♪
Bさん
Aさん

② 「いいよ！」「いいよ！」
「ねぇ、わたしも入れて！」

③ 「どっちに入るか、ジャンケンして決めよう。」
または：「じゃあ、もう一度チームを決め直そう。」
「ありがとう。」

〈シナリオ〉
　みんなが花いちもんめを楽しんでいるところに、後からAさんが来ました。

Aさん　　　「ねぇ、わたしも入れて！」
Bさんたち　「いいよ！」
Aさん　　　「ありがとう」
Bさんたち
　　①案「どっちに入るかジャンケンして決めよう」
　　②案「じゃあ、もう一度チームを決め直そう」

リハーサル（2）
～友だちを迷路で遊ぼうとさそう場面～

① 友だちと、紙にかいた迷路で遊んでいるとき、Cさんが1人でぼーっとしていました。
Cさん　Bさん　Aさん

②

③ 「Cさんもいっしょに迷路で遊ぼう。」
「うん。」

④ 「こっち、こっち、この迷路やってみて。」

〈シナリオ〉
　友だちと、紙にかいた迷路で遊んでいるとき、Cさんが1人でぼーっとしていました。

Cさん　　　（ぼーっとしながら、Bさんたちを見ている。）
Aさん　　　（Cさんに近づき、①相手を見て、②自分の気持ちをはっきりと、③聞こえる声で）
　　　　　　「Cさんも、いっしょに迷路で遊ぼう」
Cさん　　　「うん」
Bさんたち　（手招きをしながら）
　　　　　　「こっち、こっち、この迷路やってみて」

今日の学習をふりかえり、気づいたことを発表しよう。

学級での学びの進め方　高学年　―4.仲間に入ろう　友達をさそおう―

1　リハーサル（1）
【トランプをして遊んでいる仲間に入れてもらう場面】

・高学年では，子どもたち自身で，仲間に入るときや遊びを続けるためのシナリオを考え，伝える練習をする。むずかしい場合は，中学年のように①案，②案から選択させる。
○遊んでいる最中の友達に，何と言って仲間に入れてもらうか，Aさんの言葉を考える。
○Aさんも仲間に入れて遊ぶための，Bさんたちの言葉を考える。
・次のものを拡大して提示し，必要に応じて活用する。

・ロールプレイの3ステップ（P.34）
・自分も相手も大切にした伝え方（P.41）

○班ごとに，わたし役Aさん，遊んでいるグループ役Bさんたちの役を決める。
・初めは，抵抗なくできる者同士でさせてみる。
○役を交代して行う。
○教師の「トランプで遊んでいるところにAさんが来ました」の合図でリハーサルを始める。
・オオカミの言い方になったり，リスの言い方になったりしないように，自分も相手も大切にした伝え方を考えさせる。

シナリオ

Aさん　「ねえ」「　　　　　　」
（例：わたしも入れて。そのゲーム終わったらわたしも一緒にいい？　など）
Bさんたち　「　　　　」（例：いいよ）
Bさんたち　「　　　　　　　　」
（例：じゃあ，次のゲームから一緒にやろう。
　　　待っててね。など）
Aさん　「ありがとう」

2　リハーサル（2）とフィードバック
【いくつか設定した場面から選んでリハーサルを行う】

○班で相談していくつかの場面の中から選ぶ。
・入りたいと思っている子に気づいて，「自分も相手も大切にした伝え方」①～③でさそえるようにしたい。また，1回さそってもはっきり答えない子には，わたしの言い方で話を続けるとよいことを指導する。
・何か用事をすませて（係や委員会の仕事，残って勉強など）行くと，もうすでに仲間同士の活動が始まっていたり，相談が決まっていたりして，仲間に入りづらかった場面を想起させる。
○誘った人は，自分の誘い方や誘われたときの気持ちについて，相手にインタビューする（フィードバック）。

選択する場面

○1人でリコーダーの練習をしている子に，一緒に練習しようとさそう場面
○遠足で，お弁当を一緒に食べようとさそう場面
○1人で帰ろうとしている子に一緒に帰ろうとさそう場面
○休み時間，体育館に遅れて出てきたために1人になっている子をさそう場面
○＜班で場面を考える＞
（子どもの実態に応じて加える）

3　振り返り
○「ふりかえりカード」を使って学習を振り返る。
・心地よさを共有し，般化を促す。
◇「トライ・トライカード」の説明をする。

子ども用 〈高学年〉

リハーサル（1）
～トランプの仲間に入れてもらう場面～

① みんなでトランプをして遊んでいるところに，Aさんが来ました。
Bさん
Aさん

② 「ねえ，」
「いいよ。」

③ 「ありがとう。」

〈シナリオ〉
　みんなで，トランプをして遊んでいるところに，Aさんが来ました。

Aさん　「ねえ，　　　　　」
Bさんたち「いいよ」
Bさんたち「　　　　　　　」

Aさん　「ありがとう」

リハーサル（2）
～いくつかの場面から選んでさそう～

① 1人でリコーダーの練習をしている子に，いっしょに練習しようとさそう場面

② 遠足で，お弁当をいっしょに食べようとさそう場面

③ 1人で帰ろうとしている子に，いっしょに帰ろうとさそう場面

④ 休み時間，体育館におくれて出てきたために，1人になっている子をさそう場面

⑤　　　　　　　　　　　　　　　　場面

※⑤は場面を考えよう。

今日の学習をふりかえり，気づいたことを発表しよう。

仲間に入ろう　友だちをさそおう

ふりかえりカード

年　　組	名前

1 全校で，お話を聞いたり，げきを見たりしました。わかったことや気づいたことは何ですか。

----

2 教室で，「仲間に入ったり，友だちをさそったり」する練習をしました。次のことはできましたか。あてはまるものに○をつけましょう。

○ 相手を見て聞こえる声で「入れて」や「いっしょに～しよう」を言うことができましたか。話を聴くことができましたか。

| ① できた | ② 少しできた | ③ あまりできなかった | ④ できなかった |

3 教室で「仲間に入ったり，友だちをさそったり」の練習をして，感じたことや思ったことを書きましょう。

4．仲間に入ろう　友達をさそおう

トライ・トライカード

「仲間に入ろう　友だちをさそおう」

年	組	名前

＊「仲間に入ったり・さそったり」ができたか，カードに書きましょう。

月・日	仲間に入ったり，さそったりした友だちやいっしょに遊んだ友だちの名前。	いーれて	いっしょに遊ぼう（〜しよう）
/			
/			
/			
/			
/			

言えた◎　言えなかった△　言う必要がなかった／

＊取組みをふり返って，感想を書きましょう。

5. やさしい頼み方を身につけよう

〈やさしい頼み方〉

理由を述べる
「〜だから」

具体的な要求を述べる
「〜してほしい」

頼む言葉を述べる
「お願い」「頼むよ」

お礼の言葉を述べる
「ありがとう」

自分も相手も大切にした伝え方

相手の気持ちや立場を考えながら，頼みたいことを自分も相手も大切にした伝え方で伝える

○○さん，次，わたしに赤いフェルトペンをかしてくれない？ここをぬりたいんだ。お願い。

わかった。ちょっと待っててね。

うん，わかった。

□□さんはい，赤いフェルトペン。

ありがとう。

ねらい
○頼みごとをするときは，相手の気持ちや立場を考えながら用件をはっきりと伝えることが大切であることを理解する。（知識）
○適切な頼み方の四つのスキルを身につける。（技能）

5. やさしい頼み方を身につけよう

学習の流れ

全校での学び 20分　⇨ P.86〜87

1　モデリング（1）
　○好ましくないモデル（フェルトペンを借りる場面）を示す。
　　・友達が使っているフェルトペンを一方的に借りる様子をわかりやすく表現する。
　　・貸してほしいと言えないために、フェルトペンを借りることができない様子をわかりやすく表現する。

2　言語的教示（インストラクション）
　○フェルトペンを友達から借りたいときは、自分の思いをはっきり伝え、相手の了解を得ることが必要であることがわかる。

3　モデリング（2）
　○好ましいモデル（フェルトペンを借りる場面）を示す。
　　・自分の思いを伝え、友達Aからフェルトペンを借りることができる。最後に、「ありがとう」と感謝を述べる。

4　言語的教示（インストラクション）
　○やさしい頼み方のスキルを確認する。
　　・理由を述べる。　・具体的な要求を述べる。　・頼む言葉を述べる。
　　・お礼の言葉を述べる。
　○自分も相手も大切にした伝え方を基本にする。

学級での学び 20分　⇨ P.88（低学年），P.90（中学年），P.92（高学年）

1　リハーサル（1）とフィードバック
　　＜低学年＞　机を一緒に持ってほしいと頼む場面
　　＜中学年＞　フェルトペンを借りる場面
　　＜高学年＞　図書当番を代わってもらう場面

2　リハーサル（2）とフィードバック
　　＜低学年＞　国語の本を忘れたので見せてもらう場面
　　＜中学年＞　パソコンの操作を教えてほしいと頼む場面
　　＜高学年＞　図書当番を代わってもらう場面（断られたときの対応）

3　振り返り
　　○振り返りカードに記入させる。
　　○シェアリングをする。（みんなで感想を発表し合う。）
　　◇「トライ・トライカード」の説明をする。

一人一人の学び

般化
　○毎日、帰りの会で「トライ・トライカード」を使って振り返らせる。
　○金曜日に、1週間の取組みを振り返らせる。

✎ワークシート→P.94〜95

全校 での学びの進め方　―5. やさしい頼み方を身につけよう―

	教師の働きかけ	留意点など
1 モデリング（1）	今日は，「やさしい頼み方」の学習をします。最初に，二つの短い劇を見てください。 　○○小学校の3年生。Aさんは，社会の授業中にグループでフェルトペンを使っていました。Aさんは，赤いフェルトペンを使いたいと思っています。赤いフェルトペンは，いまBさんが使っています。どのように借りているでしょうか。 【好ましくないモデル：オオカミの言い方】 　Aさん　「フェルトペン，貸して」 　Bさん　「え？」 　Aさん　「赤。赤のフェルトペン」 　（Aさんは，赤いフェルトペンをBさんから奪い取る） 　Bさん　「あっ……」 【好ましくないモデル：リスの言い方】 　赤いフェルトペンを使いたいのに，Aさんはなかなか言い出せないでいます。 　Aさん　「ねえBさん……」 　Bさん　「何？」 　Aさん　「あのね，フェルトペンなんだけど……」 　Bさん　「フェルトペン？　フェルトペンがどうしたの？」 　Aさん　「……」	「やさしい頼み方を身につけよう」を提示する。 **提示** 〈やさしい頼み方〉 連続して二つのモデルを提示するので，場面の切り替わりを教示者がしっかり伝える。 板書イメージ ⇨ P.84
2 言語的教示（インストラクション）	二つの劇を見てもらいました。どちらも，フェルトペンを貸してほしいのですが，上手に頼むことができているでしょうか。最初の劇から振り返ってみます。Bさんに聞いてみます。 　教示者　「Bさん，Aさんの借り方をどう思いましたか？」 　Bさん　「貸したというより，勝手に持っていかれた感じで，嫌な気持ちになりました」 　二つめの劇について，Bさんに聞いてみます。 　教示者　「Bさん，Aさんが言いたいことが伝わりましたか？」 　Bさん　「フェルトペンって言ってたけどどうしたいのかわかりませんでした」 　では，頼みたいことがあったときには，どのように頼むとよいのでしょうか。頼み方のコツがあります。どのように頼んでいるか，次の劇をよく見ていてください。	一方的な頼み方は，相手にわかってもらえないことを確認する。

3 モデリング(2)	【好ましいモデル：フェルトペンを借りる場面】 　グループで活動をしているとき，赤いフェルトペンが必要になりました。赤いフェルトペンは，いまBさんが使っています。 　Aさん　「Bさん，次，わたしに赤いフェルトペンを貸してくれない？　ここを塗りたいんだ。お願い」 　Bさん　「わかった。ちょっと待っててね」 　Aさん　「うん，わかった」 　Bさん　「Aさん。はい，赤いフェルトペン」 　Aさん　「ありがとう」	
4 言語的教示（インストラクション）	Aさんは，Bさんからフェルトペンを借りて活動を進めることができました。よかったですね。ところで，今回はどのように借りていたでしょうか。振り返ってみましょう。 ①頼む理由を言う 　Aさんは，「赤いフェルトペンで塗りたい場所がある」と理由を伝えています。 ②頼みたいことを伝える 　Bさんの使っている赤いフェルトペンを貸してほしいと頼んでいます。 ③願う気持ちを伝える 　頼んだ後に，「お願い」「頼むよ」をきちんと伝えています。 ④感謝の言葉を伝える 　最後に「ありがとう」と感謝の気持ちを伝えていますね。 　頼みごとをするときは，この四つのスキルが大切です。あわせて，頼むタイミングも大切です。相手がどのような様子か，よく見ることです。そのうえで，自分の気持ちをきちんと相手に伝え，頼んでみることです。 　さあ，教室に戻って「やさしい頼み方」の練習を開始しましょう。 ※頼みごとをして断られた場合の対応については，高学年のリハーサルで扱う。	好ましいモデルの劇中の言葉を掲示し，振り返りの際に役立てる。 提示 理由を述べる 「だから」 具体的な要求を述べる 「〜してほしい」 頼む言葉を述べる 「お願い」「頼むよ」 お礼の言葉を述べる 「ありがとう」 提示 自分も相手も大切にした伝え方

↓

教室へ移動してリハーサルを行う。

学級での学びの進め方　低学年　—5. やさしい頼み方を身につけよう—

教師用

1　リハーサル（1）とフィードバック
【机を一緒に持ってほしいと頼む場面】
◎教室に戻ったら、すぐにリハーサルを開始する。
・低学年の場合、子ども用資料は配布するより、拡大して黒板に提示するほうがよい。
・次のものを拡大して提示し、必要に応じて活用する。

> ・ロールプレイの3ステップ（P.34）
> ・自分も相手も大切にした伝え方（P.41）

○2人組でわたし役・友達役を決める。
・初めは抵抗がないもの同士等、教師が意図的に2人組をつくるようにする。
○シナリオを使ってロールプレイを行う。
○ロールプレイの3ステップで練習する。
○相手を変え、役を変えながら行う。
・4人組で、交代しながら3人と練習するなどの方法をとるのもよい。
・子どものリハーサルの様子を見て回り、賞賛したり、励ましたり、ときには修正させたりする（フィードバック）。

シナリオ

> わたし　「ねぇ、○○さん、この机、重くて持てないから一緒に持ってくれない。お願い（頼む）」
> 友達　「うん、いいよ」
> わたし　「ありがとう」
> （一緒に机を持って運ぶ）

2　リハーサル（2）とフィードバック
【国語の本を忘れたので見せてもらう場面】
○シナリオを使ってロールプレイを行う。
○2人組でわたし役・友達役を決める。
○ロールプレイの3ステップで練習する。
○相手を変え、役を変えながら行う。
○代表の人が練習の成果を発表する。
○発表を見て、よさについて伝え合う（フィードバック）。
・スキルが実践できたかを自己評価させる。

シナリオ

> わたし　「ねぇ、○○さん。国語の本を忘れちゃったから、一緒に見せて。お願い」
> 友達　「うん、いいよ」
> わたし　「ありがとう」
> （一緒に教科書を持つ）

3　振り返り
○「ふりかえりカード」を使って学習を振り返る。
○カードに書いたことを発表し合う。
・「気づいたこと」からスキルの実行の仕方について確認する。
・「感じたことや思ったこと」から心地よさについて確認する。
・子どもの発表を肯定的に受け止め、実践への意欲を高めることで般化を促す。
◇「トライ・トライカード」の説明をする。

子ども用 〈低学年〉

リハーサル（1）
〜つくえをいっしょに持ってほしいとたのむ場面〜

① つくえが重くて持てないので，いっしょに持ってとたのみました。

わたし　友だち

② ねえ，○○さん，このつくえ，重くて持てないから，いっしょに持ってくれない？おねがい。

うん，いいよ。

③ ありがとう。

〈シナリオ〉
　つくえが重くて持てないので，いっしょに持ってとたのみました。

わたし　「ねぇ，○○さん，このつくえ，重くて持てないからいっしょに持ってくれない。おねがい（たのむ）」
友達　「うん，いいよ」
わたし　「ありがとう」
　　　　（いっしょにつくえを持って，はこぶ。）

リハーサル（2）
〜国語の本をわすれたので見せてもらう場面〜

① 国語の教科書をわすれたので，見せてほしいとたのみました。

国語の教科書わすれちゃった。　わたし　友だち

② ねえ，○○さん。国語の本をわすれちゃったから，いっしょに見せて。おねがい。

うん，いいよ。

③ ありがとう。

〈シナリオ〉
　国語の教科書をわすれたので，見せてほしいとたのみました。

わたし　「ねえ，○○さん。国語の本をわすれちゃったから，いっしょに見せて。おねがい」
友達　「うん，いいよ」
わたし　「ありがとう」
　　　　（いっしょに教科書を持つ。）

今日の学しゅうをふりかえり，気づいたことをはっぴょうしよう。

学級での学びの進め方　中学年　―5. やさしい頼み方を身につけよう―

教師用

1　リハーサル（1）とフィードバック
【フェルトペンを借りる場面】

◎教室に戻ったら，すぐにリハーサルを開始する。
・次のものを拡大して提示し，必要に応じて活用する。

> ・ロールプレイの3ステップ（P.34）
> ・自分も相手も大切にした伝え方（P.41）

○2人組でわたし役・友達役を決める。
・初めは抵抗がないもの同士等，教師が意図的に2人組をつくるようにする。
○シナリオを使ってロールプレイを行う。
○ロールプレイの3ステップで練習する。
○相手を変え，役を変えながら行う。
・4人組で，3人と練習するなどの方法をとるのもよい。
・子どものリハーサルの様子を見て回り，賞賛したり，励ましたり，ときには修正させたりする（フィードバック）。
・頼みをきいてくれたときの「ありがとう」の応答の大切さを確認する。

シナリオ

わたし	「〇〇さん，次わたしに赤いフェルトペンを貸してくれない？　ここを塗りたいんだ。お願い」
友達	「わかった。ちょっと待っててね」
わたし	「うん，わかった」
友達	「Aさん。はい，赤いフェルトペン」
わたし	「ありがとう」

2　リハーサル（2）とフィードバック
【パソコンの操作を教えてほしいと頼む場面】

○シナリオを使ってロールプレイを行う。
○2人組でわたし役・友達役を決めて行う。
○ロールプレイの3ステップで練習する。
○パソコンの前に座って，操作がわからずに困っているところから始める。
○代表の人が練習の成果を発表する。
○発表を見て，よさについて伝え合う（フィードバック）。
・スキルが実践できたかを自己評価させる。

シナリオ

わたし	「ねえ，〇〇さん。小さい『つ』って，どうやって打つのか教えて。お願い」
友達	「うん，いいよ。あのね。こうやって，2回打つとできるよ」
わたし	「ほんとだ。ありがとう」
友達	「どういたしまして」

3　振り返り

○「ふりかえりカード」を使って学習を振り返る。
○カードに書いたことを発表し合い，シェアリングをする。
・「気づいたこと」からスキルの実行の仕方について広げる。
・「感じたことや思ったこと」から心地よさについて深める。
◇「トライ・トライカード」の説明をする。

子ども用 〈中学年〉

リハーサル（1）
〜フェルトペンを借りる場面〜

① グループで活動しているとき，赤いフェルトペンが必要になりました。赤いフェルトペンは，いま，友だちが使っています。

「○○さん，次，わたしに赤いフェルトペンを貸してくれない？ ここをぬりたいんだ。お願い。」

② 「わかった。ちょっと待っててね。」
「うん，わかった。」

③ 「□□さん，はい，赤いフェルトペン。」
「ありがとう。」

〈シナリオ〉
　グループで活動しているとき，赤いフェルトペンが必要になりました。赤いフェルトペンは，いま，友だちが使っています。

わたし　「○○さん，次，わたしに赤いフェルトペンを貸してくれない？　ここを塗りたいんだ。お願い」
友達　　「わかった。ちょっと待っててね」
わたし　「うん，わかった」
友達　　「□□さん，はい，赤いフェルトペン」
わたし　「ありがとう」

リハーサル（2）
〜パソコンの操作を教えてほしいとたのむ場面〜

① パソコンで，小さい「っ」の打ち方を教えてほしいとたのみました。

「ねえ，○○さん。小さい「っ」って，どうやって打つのか教えて。お願い。」
「うん，いいよ。」

② 「あのね。こうやって，2回打つとできるよ。」
「うん」

③ 「ほんとだ。ありがとう。」
「どういたしまして。」

〈シナリオ〉
　パソコンで，小さい「っ」の打ち方を教えてほしいとたのみました。

わたし　「ねえ，○○さん。小さい『つ』って，どうやって打つのか教えて。お願い」
友達　　「うん，いいよ。あのね。こうやって，2回打つとできるよ」
わたし　「ほんとだ。ありがとう」
友達　　「どういたしまして」

今日の学習をふりかえり，気づいたことを発表しよう。

学級での学びの進め方　高学年　—5. やさしい頼み方を身につけよう—

1　リハーサル（1）
【図書当番を代わってもらう場面】
◎教室に戻ったら，すぐにリハーサルを開始する。
・次のものを拡大して提示し，必要に応じて活用する。

> ・ロールプレイの3ステップ（P.34）
> ・自分も相手も大切にした伝え方（P.41）

○シナリオを考えてロールプレイを行う。
○「頼む理由」「お願いしたいこと」「お願いする言葉」を考える。
・ロールプレイをして，修正を加えながらシナリオを完成させる。
・修正が必要な場合は，否定する言葉を言わず，「こうするともっとよくなるよ」と具体的に伝えるよう指導する。
○ロールプレイの3ステップで練習する。
○2人組でわたし役・友達役を決める。
・初めは抵抗がないもの同士等，教師が意図的に2人組をつくるようにする。
○役を交代して行う。
○代表の人が練習の成果を発表する。

シナリオ

> 　図書当番の日。児童会の打ち合わせが入ったので，だれかに図書当番を代わってもらうことを頼みます。
> わたし　「ねえ，〇〇さん」
> 理由
> 　[　　　　　　　　　]
> お願いしたいこと
> 　[　　　　　　　　　]
> お願いする言葉
> 　[　　　　　　　　　]
> 友達　　「うん，いいよ」
> わたし　「ありがとう」
> 友達　　「どういたしまして」

2　リハーサル（2）とフィードバック
【図書当番を代わってもらう〜断られる場面】
○リハーサル（1）で練習したシナリオで頼みごとをする。
○断られた場合どうしたらよいか2人組で考え，ロールプレイを行う。
○3人組にしてロールプレイをするときは，1人が観察者になってフィードバックをすることも考えられる。
○ロールプレイの3ステップを活用する。
○役を交代して行う。
○考えたシナリオを発表させ，いろいろな対応があることに気づかせる。
○児童から出てこなかったものを教示し，時間があれば伝え方を考え練習させる。
　①もう一度だけ頼んでみる。
　②理由がわからなかったら聞いてみる。
　③理由によって，相手と話し合う。
　④それでも聞いてもらえないときは，あきらめる。残念な気持ちを伝える。
　⑤要求をかなえてくれそうな別の人を探す。
（『ソーシャルスキル教育で子どもが変わる』
図書文化：P.97参照）

シナリオ

> わたし　「ねえ，〇〇さん。明日の昼休みに児童総会の打ち合わせがあるの。だから図書当番を代わってもらえない？　お願い」
> 友達　　「ごめん。昼休みは1年生と遊ぶ約束をしちゃったからできないよ」
> わたし　「[　　　　　　　　　]」
> 友達　　「[　　　　　　　　　]」

3　振り返り
○「ふりかえりカード」を使って学習を振り返る。
・心地よさを共有し，般化を促す。
◇「トライ・トライカード」の説明をする。

子ども用 〈高学年〉

リハーサル（1）
～図書当番を代わってもらう場面～

① 図書当番の日ですが，児童会の打ち合わせが入っているので，友だちに図書当番を代わってもらうようたのみました。

ねえ，○○さん。
理由：
お願いしたいこと：
お願いする言葉：

うん，いいよ。

わたし　友だち

② ありがとう。
どういたしまして。

〈シナリオ〉
　図書当番の日ですが，児童会の打ち合わせが入っているので，友だちに図書当番を代わってもらうようたのみました。

わたし　「ねえ，○○さん。
　　　　　①理由　　　　　　　　
　　　　　②お願いしたいこと　　
　　　　　③お願いする言葉　　　
友だち　「うん，いいよ」
わたし　「ありがとう」
友だち　「どういたしまして」

リハーサル（2）
～図書当番を代わってとたのむが断られる場面～

① 図書当番を代わってほしいと友だちにたのみましたが，断られました。

ねえ，○○さん。

わたし　友だち

※リハーサル（1）のセリフ

② ごめん。お昼休みは，1年生と遊ぶ約束をしちゃったから，できないよ。

③ わたし　友だち

〈シナリオ〉
　図書当番を代わってほしいと友だちにたのみましたが，断られました。

わたし　「（リハーサル（1）で練習したシナリオを使ってたのむ。）」
友だち　「ごめん。お昼休みは1年生と遊ぶ約束をしちゃったから，できないよ」
わたし　「　　　　　　　　　　」
友だち　「　　　　　　　　　　」

今日の学習をふりかえり，気づいたことを発表しよう。

やさしい頼み方を身につけよう
ふりかえりカード

年	組	名前

1　全校で，お話を聞いたり，げきを見たりしました。わかったことや気づいたことは何ですか。

2　教室で，「やさしい頼み方」の練習をしました。
　次のことはよくできましたか。あてはまるものに〇をつけましょう。

(1) 頼む理由を言うことができましたか。

　　① できた　　② 少しできた　　③ あまりできなかった　　④ できなかった

(2)「お願い」や「頼むよ」などの言葉を言うことはできましたか。

　　① できた　　② 少しできた　　③ あまりできなかった　　④ できなかった

3　教室で「やさしい頼み方」の練習をして，感じたことや思ったことを書きましょう。

------

5. やさしい頼み方を身につけよう

トライ・トライカード

「お願い」カード

「やさしい頼(たの)み方(かた)」
① 頼みたいわけを言いましょう。
② 頼みたいこと(ことば)を言いましょう。
③ お願いの言葉(ことば)を言いましょう。
④「ありがとう」を言いましょう。

年　組	名前

＊家(いえ)や学校(がっこう)で頼み方の練習(れんしゅう)をしましょう。

よくできた◎　できた○　あまりできなかった△

月・日	だれにどんなお願いをしましたか	頼む理由(りゆう)が言えましたか	「お願い」「頼むよ」などが言えましたか

＊取組(とりく)みをふり返(かえ)って、感想(かんそう)を書(か)きましょう。

6. あたたかいメッセージを伝え合おう①
（ほめる・感謝）

〈あたたかいメッセージ〉

ほめる	感謝
がんばったね	ありがとう
上手だね	助かったよ

→ うれしい気持ち
もりもり元気が出る
心がぽかぽかあたたかくなる

Power up♪

〈冷たいメッセージ〉 → いやな気持ち
やる気がなくなる

Power down↓

◆ほめる場面

やったー！うまくできた！
○○さん、すごい！がんばったね！

◆感謝の場面

ありがとう。ずっと探していたんだ！
○○さん、消しゴム落ちていたよ。

ねらい
○あたたかいメッセージと冷たいメッセージが相手に与える影響を理解する。（知識）
○あたたかいメッセージの伝え方を身につける。（技能）

6. あたたかいメッセージを伝え合おう① (ほめる・感謝)

学習の流れ

全校での学び 15分 ⇨ P.98〜99

1. 言語的教示（インストラクション）
   ○「あたたかいメッセージ」と「冷たいメッセージ」を対比し，「あたたかいメッセージ」とはどんな言葉であるかを教示する。
2. モデリング（1）＜ほめる＞
   ○好ましくないモデル（冷たいメッセージ）を示す。
   ・跳び箱がうまくできるようになって喜ぶ友達に冷たいメッセージをおくる。
   （冷たいメッセージを言われるとどんな気持ちになるか，「友達」役にインタビューする。）
   ○好ましいモデル（あたたかいメッセージ）を示す。
   ・跳び箱がうまくできるようになって喜ぶ友達にあたたかいメッセージをおくる。
   （「笑顔で言う」等の非言語的スキルが大切であることも伝える。）
3. モデリング（2）＜感謝する＞
   ○好ましくないモデル（冷たいメッセージ）を示す。
   ・落とし物を届けてもらったときに，何も言わずに受け取る。
   （何も言わないことも，冷たいメッセージに感じられることを知らせる。）
   ○好ましいモデル（あたたかいメッセージ）を示す。
   ・落とし物を届けてもらったときに，感謝の言葉を添えて受け取る。
   （感謝の言葉や「相手の目を見て言う」等の非言語的スキルが大切であることを伝える。）

学級での学び 30分 ⇨ P.100（低学年），P.102（中学年），P.104（高学年）

1. リハーサル（1）＜ほめる＞
   ＜低学年＞　友達が縄跳びを上手に跳んだ場面
   ＜中学年＞　友達が跳び箱を上手に跳んだ場面
   ＜高学年＞　友達の作品をほめよう
2. リハーサル（2）＜感謝する＞
   ＜低学年＞　借りていた消しゴムを返す場面
   ＜中学年＞　友達がなくしていた消しゴムを届けてくれた場面
   ＜高学年＞　自分たちで感謝の場面を考えて練習する。
3. 振り返り
   ○振り返りカードに記入したことを伝え合わせる。
   ○今回取り上げた場面以外であたたかいメッセージを伝え合える場面を考えさせる。
   ◇「トライ・トライカード」の説明をする。

一人一人の学び

般化
○学級で「あたたかいメッセージ集め」をし，帰りの会等で紹介し合うようにする。
○家庭でも実践できるように，「あたたかいメッセージカード」を用意する。

✎ワークシート→P. 120

全校での学びの進め方 ―6.あたたかいメッセージを伝え合おう①（ほめる・感謝）―

	教師の働きかけ	留意点など
1 言語的教示（インストラクション）	ほめられたり，励まされたりするとどんな気持ちになりますか。うれしい，心がホカホカとあたたかくなる，こんな気持ちになるメッセージを「あたたかいメッセージ」といいます。 あたたかいメッセージには，「すごいね」「がんばったね」などの「ほめる」言葉，「ありがとう」「助かったよ」などの「感謝する」言葉，「がんばって」などの「励ます」言葉，「大丈夫？」などの「気づかう」言葉があります。 反対に，「早くしろよ」「うっせーなー」など，人に言われると嫌な気持ちになる言葉を「冷たいメッセージ」といいます。 今日はあたたかいメッセージのなかから「ほめる」と「感謝する」について学習します。 　　　　　　　　　　　　　　板書イメージ ⇨ P.96	「あたたかいメッセージを伝え合おう①（ほめる・感謝）」を提示する。 提示 〈あたたかいメッセージ〉 〈冷たいメッセージ〉 言われたときの気持ちが明確になるように「あたたかいメッセージ」と「冷たいメッセージ」を対比させる。
2 モデリング(1)〈ほめる〉	初めは，「ほめる」についての劇を見てください。 【好ましくないモデル：冷たいメッセージ】 わたしは，跳び箱で上手に跳べた友達に声をかけました。 　友達　「やった～，うまくできた」 　わたし　「ふん，ぼくなんかもうとっくにできているよ」 　友達　「……」 友達はどんな気持ちになったか，インタビューをしてみます。 　教示者　「いまのように言われて，どんな気持ちでしたか？」 　友達役　「うまく跳べて喜んでいただけなのに，ばかにされているようで嫌な気持ちになりました」 なるほど，友達はとても嫌な気持ちになったようですね。では，あたたかいメッセージで伝えてみましょう。 【好ましいモデル：あたたかいメッセージ】 わたしは，跳び箱で上手に跳べた友達に声をかけました。 　友達　「やった～，うまくできた」 　わたし　「〇〇さん，すごい。がんばったね」 　友達　「ありがとう」 　教示者　「〇〇さんはどんな気持ちだったでしょうか」 　友達役　「ほめてもらうと，やっぱりうれしいです」 　教示者　「みなさんはどんな点がよかったと思いますか？」 ・「相手をきちんと見て，笑顔で言っていました」	提示 ほめる がんばったね 上手だね 「あなたがこんな言葉をかけたら友達はどう思うでしょう」と観察の視点を与える。 ・非言語的なスキルも交えて演じる。 ・相手の目を見る。（笑顔で） ・自分の気持ちをはっきりと伝える。 ・聞こえる声で伝える。 ・冷たいメッセージとあたたかいメッセージが相手に与える影響につ

	あたたかいメッセージで伝えると相手の気持ちはずいぶん違いますね。	いて確認する。
3　モデリング(2)　〈感謝する〉	みなさんは，どのような場面で「感謝」の気持ちを伝えていますか。次の劇を見ましょう。 【好ましくないモデル：冷たいメッセージ】 借りていた消しゴムを友達が返してほしいと言ってきました。 　　友達　「ねえ，消しゴム返してくれる？」 　　わたし　「うん，はい……」（勉強を続けたまま返す。） いまの言い方はあたたかいメッセージか冷たいメッセージのどちらでしたか。（子どもの反応を入れて進める。） こんなふうに返したら，友達はどんな気持ちになるでしょう。 　　教示者　「いまのように返されると，どんな気持ちですか？」 　　友達役　「せっかく消しゴムを貸したのに，とても嫌な気持ちになりました。もう，貸したくないと思いました」 なるほど，友達はとても嫌な気持ちになったようですね。では，どのように返すといいでしょうか。やってみます。 【好ましいモデル：あたたかいメッセージ】 借りていた消しゴムを友達が返してほしいと言ってきました。 　　友達　「ねえ，消しゴム返してくれる？」 　　わたし　「ごめんね。忘れていたよ。ありがとう」 　　教示者　「今度は○○さんはどんな気持ちだったでしょうか？」 　　友達役　「さっきと違い，全然嫌な気持ちはしませんでした。うっかり忘れていたのがわかりました」 　　教示者　「みなさんはどんな点がよかったと思いますか？」 ・「『ありがとう』と言ってから返していました」 ・「『ごめんね』と言うのも大事だと思いました」 いまのように感謝の「あたたかいメッセージ」を伝えられると，お互いに気持ちよくなりそうですね。「あたたかいメッセージ」を伝えるときは，①相手の目を見て（笑顔で）　②自分の気持ちをはっきりと　③聞こえる声で伝えることが大切です。 では，教室であたたかいメッセージを伝える練習をしましょう。	提示 感謝 ありがとう 助かったよ 「あなたがこのように返したら友達はどうでしょう」と観察の視点を与える。 相手の方を見て返す。 「ありがとう」は感謝の気持ちを伝える言葉であることを確認する。「ごめんね」とひとこと添えると相手の印象がよくなることを伝える。 「あたたかいメッセージ」を伝えるときは，言葉だけでなく非言語的なスキルも大切であることを確認する。

↓

教室へ移動してリハーサルを行う。

教師用 学級での学びの進め方　低学年　－6.あたたかいメッセージを伝え合おう① (ほめる・感謝)－

1　リハーサル（1）＜ほめる＞
【友達が縄跳びを上手に跳んだ場面】
◎教室に戻ったら，すぐにリハーサルを開始する。
○4人のグループをつくる。初めは隣同士で練習を始める。
○「ロールプレイの3ステップ」で練習する。
・シナリオを見ながら3回繰り返す。
・相手を見て練習をする。
・自分の言葉，動作を入れて，表情に気をつけて練習する。
○グループ内で，相手を変えて繰り返し練習する。

シナリオ

> 　友達が縄跳びを上手に跳べるようになり，うれしそうにしています。
> 友達　「やったぁ！　新記録だー！」
> わたし　「すごい！　がんばったね！」
> 友達　「ありがとう」

2　リハーサル（2）＜感謝する＞
【借りていた消しゴムを返す場面】
○「ロールプレイの3ステップ」で練習する。
・シナリオを見ながら3回繰り返す。
・相手を見て練習をする。
・自分の言葉，動作を入れて，表情に気をつけて練習する。
○グループ内で，相手を変えて繰り返し練習する。

シナリオ

> 　消しゴムを忘れたので，友達に借りました。
> わたし　「ねえ，消しゴム貸してくれる？」
> 友達　「うん。いいよ」
> わたし　「ありがとう」
> （返しながら）
> わたし　「ありがとう」
> 友達　「どういたしまして」

3　振り返り
○「ふりかえりカード」を使って学習を振り返る。
・心地よさを共有し，般化を促す。
◇「トライ・トライカード」の説明をする。

＜留意点＞
○リハーサルを始める際は，「ふざけない」「笑わない」ことを確認する。
○最初は，抵抗が少ない子ども同士でリハーサルを始める。慣れてきたらいろいろな友達と練習させるようにする。
○リハーサルでは，シナリオにこだわらず自分で考えた言葉で言ってもよいことを伝える。
○悪いロールプレイは子どもにはさせない。
○上手にできているペアを手本として紹介し，よい点を確認し合う（フィードバック）。

子ども用 〈低学年〉

リハーサル（1）＜ほめる＞
～友だちがなわとびを上手にとんだ場面～

① 友だちが，なわとびを上手にとべるようになり，うれしそうにしています。

② やったぁ！新記ろくだー！／すごい！

③ がんばったね！／ありがとう。

〈シナリオ〉
　友だちが，なわとびを上手にとべるようになり，うれしそうにしています。

友だち　「やったぁ！　新記ろくだー！」
わたし　「すごい！　がんばったね！」
友だち　「ありがとう」

リハーサル（2）＜かんしゃする＞
～借りていた消しゴムを返す場面～

① 消しゴムをわすれたので，友だちに借りました。
「ねぇ，消しゴムかしてくれる？」

② 「うん。いいよ。」／「ありがとう。」

③ 返すとき　「どういたしまして。」／「ありがとう。」

〈シナリオ〉
　消しゴムをわすれたので，友だちに借りました。

わたし　「ねえ，消しゴムかしてくれる？」
友だち　「うん。いいよ」
わたし　「ありがとう」
わたし　（返しながら）「ありがとう」
友だち　「どういたしまして」

今日の学しゅうをふりかえり，気づいたことをはっぴょうしよう。

学級での学びの進め方　中学年　－6. あたたかいメッセージを伝え合おう①（ほめる・感謝）－

教師用

1　リハーサル（1）＜ほめる＞
【友達が跳び箱を上手に跳んだ場面】
◎教室に戻ったら，すぐにリハーサルを開始する。
・3人組で，言語的スキルを含むターゲットスキルの実行について観察する役をつくる方法も有効である。
○「ロールプレイの3ステップ」で練習する。
・シナリオを見ながら3回繰り返す。
・相手を見て練習をする。
・自分の言葉，動作を入れて，表情に気をつけて練習する。
・グループ内で，相手を変えて繰り返し練習をする。
○グループのほかの友達と繰り返し練習をする。
・「わたし」の言葉の一部を空欄にし，自分で言葉を考えて練習してもよい。

シナリオ
　友達が跳び箱を上手に跳べるようになり，うれしそうにしています。
友達　「やったー！　うまくできた！」
わたし　「すごい！　がんばったね！」
友達　「ありがとう」

2　リハーサル（2）＜感謝する＞
【友達がなくしていた消しゴムを届けてくれた場面】
○「ロールプレイの3ステップ」を活用する。
・シナリオを見ながら3回繰り返す。
・相手を見て練習をする。
・自分の言葉，動作を入れて，表情に気をつけて練習する。
○グループのほかの友達と繰り返し練習をする。
○「わたし」の言葉の一部を空欄にし，自分で言葉を考えて練習してもよい。

シナリオ
　前になくしていた消しゴムを，友達が届けてくれました。
友達　「○○さん。消しゴム落ちていたよ」
わたし　「ありがとう。ずっと探していたんだ！」
友達　「よかったね」

3　振り返り
○「ふりかえりカード」を使って学習を振り返る。
・心地よさを共有し，般化を促す。
◇「トライ・トライカード」の説明をする。

＜留意点＞
○リハーサルを始める際は，「ふざけない」「笑わない」ことを確認する。
○最初は，抵抗が少ない子ども同士でリハーサルを始める。慣れてきたらいろいろな友達と練習させるようにする。
○リハーサルでは，シナリオにこだわらず自分で考えた言葉で言ってもよい。
○悪いロールプレイは子どもにはさせない。
○上手にできているペアを手本として紹介し，よい点を確認し合う（フィードバック）。

子ども用 〈中学年〉

リハーサル（1）＜ほめる＞
〜友だちがとび箱を上手にとんだ場面〜

① 体育の時間に，わたしは，とび箱を上手にとぶことができた友だちに声をかけました。

② 「やったー！ うまくできた！」

③ 「○○さん，すごい！ がんばったね！」
「ありがとう。」

〈シナリオ〉
　体育の時間に，わたしは，とび箱を上手にとぶことができた友だちに声をかけました。

友だち　「やったー！　うまくできた！」
わたし　「○○さん，すごい！　がんばったね！」
友だち　「ありがとう」

リハーサル（2）＜かんしゃする＞
〜友だちが消しゴムを届けてくれた場面〜

① 前になくした消しゴムを，友だちが届けてくれました。
「○○さん。」

② 「消しゴム落ちていたよ。」

③ 「ありがとう。ずっと探していたんだ！」
「よかったね。」

〈シナリオ〉
　前になくした消しゴムを，友だちが届けてくれました。

友だち　「○○さん，消しゴム落ちていたよ」
わたし　「ありがとう。ずっと探していたんだ！」
友だち　「よかったね」

今日の学習をふりかえり，気づいたことを発表しよう。

学級での学びの進め方　高学年　－6.あたたかいメッセージを伝え合おう①（ほめる・感謝）－

1　リハーサル（1）＜ほめる＞
【友達の作品をほめよう】
◎教室に戻ったら，すぐにリハーサルを開始する。

> 友達と作品（絵，工作，習字など）を見せ合い，お互いによいと思ったことを伝え合いましょう。

・作品を評価するポイントを示し，具体的に伝えられるようにする。
○ペアを組む。
○ワークシートを書く。
　（ほめ言葉＋よいと思ったところ）
　　例「上手だね！　空の塗り方がすごくきれいだね」
○お互いにほめ言葉を伝え合う。
○違うペアで伝え合う。（ワークシートなし）

2　リハーサル（2）＜感謝する＞
【自分たちで感謝の場面を考えて練習する】
○日常生活のなかで感謝のあたたかいメッセージを使う場面を班ごとに考える。
・友達に給食を配ってもらったとき
・教科書を見せてもらったとき
・友達にやさしくされたとき　など
○班ごとにシナリオを1つ作る。
○できたシナリオにそって役割を決め，ロールプレイをする。
○班ごとに考えたシナリオやロールプレイの成果を発表する。
○ペアやシナリオを変えて繰り返し練習する。3人組にして，非言語的スキルができているかどうか観察する役をつくってもよい。

3　振り返り
○「ふりかえりカード」を使って学習を振り返る。
・心地よさを共有し，般化を促す。

＜留意点＞
○リハーサルを始める際は，「ふざけない」「笑わない」ことを確認する。
○高学年では，行事等の事前学習として実際に起こりうる場面を想定し，練習してもよい。
○悪いロールプレイは子どもにはさせない。
○上手にできているペアを手本として紹介し，よい点を確認し合う（フィードバック）。

【学習中の振り返りカード】
※学習の途中に黒板に掲示し，子どもに挙手させながら自己評価をする。その後の練習でもスキルのポイントを意識できるようにする。

あたたかいメッセージを伝え合おう

①相手の目を見て言えましたか？
②相手に聞こえる声で言えましたか？
③えがおで言えましたか？
④すすんであたたかいメッセージが言えましたか？

（まったくできなかった／あまりできなかった／だいたいできた／じょうずにできた）

| 子ども用 |〈高学年〉

リハーサル（1）＜ほめる＞
【友だちの作品をほめよう】

ほめ言葉
（例）「上手だね！」「すごいね」

よいと思ったところ
（例）「空の塗（ぬ）り方（かた）がすごくきれいだね」

ほめてもらったら

（例）「ありがとう」
　　　「うれしいよ」
　　　「がんばったんだ」

リハーサル（2）＜感謝（かんしゃ）する＞
【感謝の場面を考えよう】
〜友だちに「ありがとう」を言うのはどんなとき？〜

① 場面を考えよう（班（はん）で）

② シナリオをつくろう（班で）

③ 役割（やくわり）を決め，ロールプレイをしよう（班で）

④ ロールプレイの発表をしよう

⑤ ペアやシナリオを変えてくり返し練習をしよう

今日の学習をふりかえり，気づいたことを発表しよう。

学習後の定着化（般化）について

　ソーシャルスキル学習では，学習したスキルを日常のいろいろな場で実行していくことが最も重要です。学習したスキルが実行されていくことで一人一人のソーシャルスキルが向上し，スキルの定着化（般化）につながります。スキルの般化を促すために次の三つが大切です。

①定期的に練習する　　学習したスキルを教室に掲示し，生活のなかで意識できるようにします。さらに，ときにはあたたかいメッセージを意識しながら大縄跳びの練習をするなど，あたたかいメッセージを使う場面を意図的に設けます。スキルを意識させ，発揮する場を設けることで，子どもたちからは「がんばれ」「ドンマイ」などのあたたかい言葉が聞かれるようになります。このような機会を定期的に設け，繰り返し意識させていくことが大切です。学年・学級通信で学習の様子を紹介し，保護者への理解と協力を求めます。家庭でもあたたかいメッセージのやりとりをお願いし，取り組んでもらうことで，家庭のなかでも子どもたちのソーシャルスキルが実行されやすい環境が整います。子どもたちは家庭でも学習したスキルを意識することができます。

②他者にほめられる，認められる　　あたたかいメッセージのやりとりが聞かれた際には，その姿を見逃さず，ほめることが大切です。全校一斉方式SSEでは，全職員が同じ視点でプラスのフィードバックを心がけることで，学校内の雰囲気が変わり，子どもたちがすすんであたたかいメッセージを互いにおくるようになります。子ども同士が互いに認め合える場をつくることも大切です。帰りの会を利用し，自分が言われたあたたかいメッセージや友達に言ったあたたかいメッセージを紹介し合います。互いにメッセージを紹介し合うなかで，言ったときの気持ち，言われたときの気持ちに焦点を向けることが大切です。

③定期的に振り返る　　学習後，1週間おきに作文や「クラスインタビュー」などで，自分の仲間関係を振り返る機会を設けます。作文には，「あたたかいメッセージを使うことで，友達との関係がうまくいくようになった。毎日が楽しい」「つい冷たい言い方をしてしまうことが最近多いと思う。あたたかいメッセージをもっと使いたい」などと書く子どももいます。自分のスキルを振り返る機会になります。「クラスインタビュー」では，職員が各学級を順番に訪問し，クラスでのあたたかいメッセージを子どもたちにインタビューし，ビデオで撮影します。

「最近友達から言われたあたたかいメッセージは何ですか？」
「○○さんが，勉強のとき『がんばれ，もうちょっとだよ』と声をかけてくれました」
「そのときはどんな気持ちでしたか」
「うれしかったです。最後までがんばれました」

などのやりとりを録画し，全校で視聴します。全校であたたかいメッセージの大切さを再確認する場になります。

6．あたたかいメッセージを伝え合おう①（ほめる・感謝）

トライ・トライカードについて

　家庭の協力をえて，トライ・トライカード（ホームワークカード）に取り組みます。「あたたかいメッセージ」のトライ・トライカードには，自分が言ったあたたかい言葉や家族から言われたあたたかい言葉を記入します。保護者からは，子どもが1週間記入したカードを見て，振り返りの感想を書いてもらうようにお願いします。

　保護者の協力が得られることで，学習したソーシャルスキルが日常生活のなかへ一層浸透していきます。

あたたかいメッセージカード （カード見本はP.124）

家の人に言ったり，家の人から言われたりした「あたたかいメッセージ」を書こう！

月日	自分で言ったメッセージ	家の人から言われたメッセージ
7／12（土）		
7／13（日）		
7／14（月）		
7／15（火）		
7／16（水）		
ふりかえり	自分のふりかえり	お家の人から

＜トライ・トライカードに寄せられた保護者の感想＞
・ついつい「あっそう」と言ってしまっているので，気をつけなければと反省しています。子どものほうから「あたたかいメッセージ」をたくさんもらいました。
・何げない言葉でも嫌な気持ちになったり，よい気持ちになったりします。あたたかいメッセージを日ごろから意識して生活に取り入れたいです。

コラム　縦割り班活動であたたかいメッセージを伝える①

　実践校は全校児童800人ほどの大規模校である。全校規模のソーシャルスキル教育（以下，SSE）に取り組み3年目である。過去2年間の取組みによって，子どもたちのなかに学習したスキルの般化が促進され，学級内にあたたかい雰囲気が醸成されたことが学級担任へのアンケートなどで確認された。

　これらの変容を確かめつつ，学校全体の人間関係をよりよいものにするために，般化の場を学級から全校へ広めることにした。具体的には，学校行事の事前学習としての全校一斉方式SSEに取り組み，学習したスキルを生かしながら縦割り班活動を進めるようにした。実践校では，縦割り班での「全校遠足」や「子ども祭」などの学校行事がある。それらの縦割り班活動を始める前に全校一斉方式SSEに取り組み，実際の活動のなかでスキルを意識し生かしていくことを期待している。

　大規模校は，全校の学びから学級での学びの場へ子どもが移動するときにロスタイムが大きいという課題が生じる。そこで，教室において電子情報ボードに流れる映像を活用し，全校で学びのモデリング学習等を進める工夫をした。

　以下は「子ども祭」に向けた全校一斉方式SSEの学習の実際である。

1　ねらい
　○1～3年生…縦割り班活動の制作活動ですすんで応答したり質問したりすることができる。
　○4～6年生…縦割り班活動の制作活動で下学年と協力しながら活動を進めることができる。

2　ターゲットスキル

○1～3年生（応答・質問） 「うん，わかった」 「ありがとう」 「何をすればいいの？」等	○4～6年生（協力・あたたかいメッセージ） 「一緒にやろう」 「ここ手伝って」 「上手にできたね」「大丈夫？」等

3　実施方法
(1)　進め方と動画の内容
　・各学級で電子情報ボードを活用し，映像を視聴後に，担任がSSEを実施する。
　・6種類の映像のなかから，学年に応じて映像を選択し視聴する。
　　例〔1年生〕映像1→映像3→映像4
　　　〔4年生〕映像2→映像5→映像6

6．あたたかいメッセージを伝え合おう①（ほめる・感謝）

活動内容の説明に関する動画
- 【映像1：活動説明】（5年生・1年生向け）
- 【映像2：活動説明】（4年生・2年生向け）

SSEに関する動画
- 【映像3・映像4：応答・質問】（1〜3年生向け）
①映像で「応答・質問」に関する二つの場面を視聴する。
②視聴後によいモデルをシナリオにそって友達とロールプレイする。
※シナリオの提示は電子情報ボードを活用する。シナリオの言葉の一部を空欄にし，自分が考えた言葉にしてもよい。

- 【映像5・映像6：協力・あたたかいメッセージ】（4〜6年生向け）
①映像で「協力・あたたかいメッセージ」に関する二つの場面を視聴する。
②視聴後に場面に合った言葉のかけ方を考えて学習シートに書く。
③考えた言葉を紹介し合い，実際の活動に向け意識を高める。

場面1：仕事がなかなか進んでいない下の学年の子にどんな言葉をかけますか？

場面2：仕事をがんばっている子にどんな言葉をかけますか？

　映像は，職員が実際の活動で起こりそうな場面をロールプレイしたものである。映像で好ましいモデルと好ましくないモデルの両方を視聴する。視聴後に，なぜ好ましくないのかを考えたり，好ましいモデルをロールプレイで練習したりする。

　このような学習の機会を事前に設け，実際の縦割り班活動に臨む。こうすることで，活動のなかで起こるトラブルを未然に防ぐだけでなく，互いに協力しあたたかい言葉のやりとりが聞かれるようになる。

　実際の場面では，高学年が低学年にやさしく気づかう言葉をかけたり，親切にしてもらった低学年が「ありがとう」と言葉を返したりする姿が多数見られた。活動後には，振り返りの場を設け，友達とのかかわり方を見つめる。振り返りからは「みんなが楽しく活動できた」「またみんなで一緒にしたい」などの意見が聞かれた。学習したスキルを発揮して「楽しく活動できた」という経験を積み重ねていくことで，スキルの定着が促されていく。

7. あたたかいメッセージを伝え合おう②
（励ます・気づかう）

〈あたたかいメッセージ〉

励ます	気づかう
大丈夫だよ	どうしたの？
がんばって	大丈夫？

⇒ うれしい気持ち
　もりもり元気がでる
　心がぽかぽかあたたかくなる

〈冷たいメッセージ〉

⇒ いやな気持ち
　やる気がなくなる

---

1. ねえ、てつぼうしに行こう！
2. だめなんだ。4時間目のまとめをいまやらないと5時間目の発表に間に合わないもん。
   そうなんだ。がんばってね！
3. わたし、てつぼうのところで待ってるから終わったら来てね。
   うん。ありがとう。

ねらい
○あたたかいメッセージと冷たいメッセージが相手に与える影響を理解する。（知識）
○あたたかいメッセージの伝え方を身につける。（技能）

7. あたたかいメッセージを伝え合おう②（励ます・気づかう）

学習の流れ

全校での学び 15分　⇨ P.112～113

1　言語的教示（インストラクション）
　○「冷たいメッセージ」の例を提示し、これらをなくしていくことを伝える。
　○4種類の「あたたかいメッセージ」について教示し、「励ます」「気づかう」は友達とのよい関係を築き、維持するために大切なスキルであることを伝える。

2　モデリング（1）＜励ます＞
　○好ましくないモデル（冷たいメッセージ）を示す。
　・昼休みに、調べ学習のまとめをしている友達をおいて、自分だけ遊びにいく。
　　（冷たいメッセージを言われたときの気持ちを「友達」役にインタビューする。）
　○好ましいモデル（あたたかいメッセージ）を示す。
　・昼休みに、調べ学習のまとめをしている友達を励ます。
　　（あたたかいメッセージを言われたときの気持ちを「友達」役にインタビューする。）

3　モデリング（2）＜気づかう＞
　○好ましくないモデル（冷たいメッセージ）を示す。
　・昼休みを前に、お腹が痛くて遊べそうにもない友達がいるが、気づかうことができない。（「気づかう」言葉がないと、冷たいメッセージに感じられることを知らせる。）
　○好ましいモデル（あたたかいメッセージ）を示す。
　・昼休みを前に、お腹が痛くて遊べそうにもない友達を気づかう。
　　（「どうしたの？」「大丈夫？」がキーワードになることを知らせる。）

学級での学び 30分　⇨ P.114（低学年），P.116（中学年），P.118（高学年）

1　リハーサル（1）＜励ます＞とフィードバック
　＜低学年＞　自分のせいでリレーに負けてしまった友達を励ます場面
　＜中学年＞　二重跳びの練習をがんばっている友達を励ます場面
　＜高学年＞　大嫌いなマラソン練習を前にゆううつになっている友達を励ます場面

2　リハーサル（2）＜気づかう＞とフィードバック
　＜低学年＞　転んでしまった友達を気づかう場面
　＜中学年＞　具合が悪くて早退する友達を気づかう場面
　＜高学年＞　委員会の仕事で困っているメンバーを気づかう場面

3　振り返り
　○振り返りカードに記入したことを伝え合わせる。
　◇「トライ・トライカード」の説明をする。

一人一人の学び

般化
　○教室に「あたたかいメッセージカード」とポストを置き、あたたかいメッセージを言ったり言われたりしたら記入してポストに入れるようにする。
　○担任がポストの中をチェックし、朝会などで紹介し、その後、カードを掲示する。

✏ ワークシート → P. 120・124

全校での学びの進め方　—7. あたたかいメッセージを伝え合おう②（励ます・気づかう）—

		教師の働きかけ	留意点など
1	言語的教示（インストラクション）	毎日の学校生活のなかで，自分の言った言葉は，相手をどんな気持ちにさせているでしょうか。 （冷たいメッセージの表を掲示）こんな言葉を言われたらとても悲しい気持ちになりますね。これらを「冷たいメッセージ」といいます。人を嫌な気持ちにさせるので，言わないようにしましょう。 「友達に言われてうれしかった言葉」は，「あたたかいメッセージ」といいます。「がんばって」は相手を『励ます』とき，「大丈夫？」は相手を『気づかう』ときの「あたたかいメッセージ」です。これらは，相手をうれしい気持ちにして，もっと友達と仲よくなれる言葉です。 今日は「あたたかいメッセージ」のなかから特に『励ます』と『気づかう』の学習をしていきましょう。	「あたたかいメッセージを伝え合おう②（励ます・気づかう）」を提示する。 提示 〈あたたかいメッセージ〉 〈冷たいメッセージ〉 板書イメージ ⇨P.110
2	モデリング(1)〈励ます〉	初めは，『励ます』についての劇を見てください。 【好ましくないモデル：冷たいメッセージ】 　昼休みになり，わたしは一緒に遊ぼうと思っていた友達に声をかけました。友達は，4時間目の調べ学習のまとめをしています。 　わたし　（席にいる友達に近づいて）「ねえ，鉄棒しにいこう！」 　友達　「だめなんだ。4時間目のまとめをいまやらないと，5時間目の発表に間に合わないもん」 　わたし　「ええ!?　まだ終わってないの?!　遅いね！」 友達はどう感じたか，インタビューしてみましょう。 教示者「いまのような声かけをされてどんな気持ちでしたか？」 友達役「わたしだって遊びたいのに，とても嫌な気持ちになりました。もう今度から一緒に遊びたくなくなります」 なるほど。こんな冷たいメッセージを言うと，友達に嫌われてしまいそうですね。では，あたたかいメッセージで伝えてみましょう。 【好ましいモデル：あたたかいメッセージ】 　昼休みになり，わたしは一緒に遊ぼうと思っていた友達に声をかけました。友達は，4時間目の調べ学習のまとめをしています。 　わたし　（席にいる友達に近づいて）「ねえ，鉄棒しにいこう！」 　友達　「だめなんだ。4時間目のまとめをいまやらないと，5時間目の発表に間に合わないもん」 　わたし　「そうなんだ……。がんばってね。わたし，鉄棒のところで待ってるから，終わったら来てね」 　友達　「うん。ありがとう」	「あなたがこんな言葉をかけたら友達はどう思うでしょう」と観察の視点を与える。 マイク（おもちゃでもよい）を持ってインタビューの感じを出す。 （すべてのモデリングにインタビューを行う必要はない。） 同じ状況でも，あたたかいメッセージをかけてもらった場合は，遊べない友達も元気が出て，2人で笑顔になれる。また，その後一緒に遊ぼうとする期待がもて

2 モデリング(1)〈励ます〉	今度はどうだったでしょうか？ 友達役　「『がんばってね』と励まされて，とてもうれしくなりました。がんばって早く終わらせようと思いました」 これなら，これからも仲よく遊べそうですね。	る状況になることを押さえる。 提示 励ます 大丈夫だよ がんばって
3 モデリング(2)〈気づかう〉	次は，『気づかう』場面の劇を見ましょう。 【好ましくないモデル：冷たいメッセージ】 　休み時間です。わたしは，友達に話しかけました。 　わたし　「ねえねえ，○○ちゃん！　何して遊ぶ？」 　友達　（お腹が痛い）「うーん……。お腹が痛いんだ」 　わたし　「え，じゃあ遊べないね……（ほかの子に駆け寄って）ねえ，○○ちゃん，遊ぼう！」 　友達　「……」 　教示者　「○○さん，どんな気持ちでしたか？」 　友達役　「もう用はないという感じで，放っておかれた気がしました。とても悲しいです」 相手を気づかう言葉がないと，冷たいメッセージを伝えたときと同じような感じになってしまいますね。では，あたたかいメッセージをおくってみましょう。 【好ましいモデル：あたたかいメッセージ】 　休み時間です。わたしは，友達に話しかけました。 　わたし　「ねえねえ，○○ちゃん！　何して遊ぶ？」 　友達　（お腹が痛い）「うーん……。お腹が痛いんだ」 　わたし　「え，大丈夫？　先生に言ってこようか？」 　友達　「うん。ありがとう」 　教示者　「○○さん，今度はどんな気持ちでしたか？」 　友達役　「『大丈夫？』と，尋ねてくれてうれしかったです。○○さんはいい友達だなあと思いました」 2人はますます仲よくなれるでしょう。 では，各教室へ行ってリハーサルを始めましょう。	あたたかいメッセージのないことが，冷たいメッセージにも感じられることを押さえる。 「大丈夫？」は，『気づかう』ときに大切な言葉。「どうしたの？」と尋ねる言葉も『気づかう』きっかけをつくるあたたかいメッセージである。 提示 気づかう どうしたの 大丈夫？

↓

教室へ移動してリハーサルを行う。

学級での学びの進め方　低学年　—7. あたたかいメッセージを伝え合おう②（励ます・気づかう）—

教師用

1　リハーサル（1）＜励ます＞とフィードバック

【自分のせいでリレーに負けてしまった友達を励ます場面】

◎教室に戻ったら，すぐにリハーサルを開始する。
・子ども用資料を拡大して提示する。
○教師対子どもで，シナリオを見ながら3回ほど練習する。（言葉を覚える）
○ペアで役を決め，シナリオを見ないで練習する。
・初めは抵抗がない子ども同士など，教師が意図的に2人組をつくるようにする。
○非言語的スキルに気をつけてペアで練習する。（近づいて・笑顔で・相手の目を見て・聞こえる声で）
○ペアを変えて繰り返し練習する。
○代表のグループに練習の成果を発表してもらう。
・「友達」役の人に励まされてどんな気持ちになったか，教師がインタビューし，「元気になった」「うれしかった」という感想を確認する（フィードバック）。

シナリオ

リレー練習で友達が抜かれてしまってチームが負けてしまいました。 友達　「あーあ……。ごめん。ぼくのせいで……」 わたし「そんなことないよ。次のとき，がんばろう」 友達　「うん……。ありがとう」

2　リハーサル（2）＜気づかう＞

【転んでしまった友達を気づかう場面】

○子ども用資料を拡大して提示する。
○教師対子どもで，シナリオを見ながら3回ほど練習する。（言葉を覚える）
○ペアで役を決め，シナリオを見ないで練習させる。
・初めは抵抗がない子ども同士など，教師が意図的に2人組をつくるようにする。
○非言語的スキルに気をつけてペアで練習する。（近づいて・相手の目を見て・聞こえる声で）
○ペアを変えて繰り返し練習する。
・「ありがとう」と応答することも大切であることを確認する。

シナリオ

休み時間にみんなで鬼ごっこをしていました。友達が転んで，痛がっています。 友達　「いったぁーい……！」 わたし「○○ちゃん，大丈夫？　ほけん室，行く？」 友達　「うん……。ありがとう」

3　振り返り

○「ふりかえりカード」を使って学習を振り返る。
・心地よさを共有し，般化を促す。

〈般化〉 ◇教室 　教室で行う「あたたかいメッセージカード」の取組みについて説明する。（P.121） ◇家庭 　「トライ・トライカード」について説明し，学校だよりとともに子どもに渡す。（P.122～125）

子ども用 〈低学年〉

リハーサル（1）＜はげます＞
～リレーにまけた友だちをはげます場面～

① リレーれんしゅうで，友だちがぬかれてしまって，チームがまけてしまいました。

② あーあ…。ごめん。ぼくのせいで…。

③ そんなことないよ。つぎのときがんばろう。
うん…。ありがとう。

〈シナリオ〉
リレーれんしゅうで，友だちがぬかれてしまって，チームがまけてしまいました。

友だち 「あーあ……。ごめん。ぼくのせいで……」
わたし 「そんなことないよ。つぎのとき，がんばろう」
友だち 「うん……。ありがとう」

リハーサル（2）＜気づかう＞
～ころんだ友だちを気づかう場面～

① 休み時間に，みんなでおにごっこをしていました。友だちがころんで，いたがっています。

② いったぁーい…！
○○ちゃん，だいじょうぶ？

③ ほけんしつ行く？
うん…。ありがとう。

〈シナリオ〉
休み時間にみんなでおにごっこをしていました。友だちがころんで，いたがっています。

友だち 「いったぁーい……！」
わたし 「○○ちゃん，だいじょうぶ？
　　　　ほけんしつ行く？」
友だち 「うん……。ありがとう」

今日の学しゅうをふりかえり，気づいたことをはっぴょうしよう。

学級での学びの進め方　中学年　—7.あたたかいメッセージを伝え合おう②（励ます・気づかう）—

1　リハーサル（1）＜励ます＞とフィードバック

【二重跳びの練習をがんばっている友達を励ます場面】

◎教室に戻ったら，すぐにリハーサルを開始する。

○子ども用資料は，配布したり，拡大して黒板に提示したりする。

○教師対子どもで，シナリオを見ながら3回ほど練習する。（言葉を覚える）

○ペアで役を決め，シナリオを見ないで練習する。

・初めは抵抗がない子ども同士など，教師が意図的に2人組をつくるようにする。

○非言語的スキルに気をつけてペアで練習する。（近づいて・笑顔で・相手の目を見て・聞こえる声で）

○ペアを変えて繰り返し練習する。

・「わたし」の言葉の一部を各自で考えて入れてみてもよい。

○代表グループに練習の成果を発表してもらう。

・「友達」役の人に励まされてどんな気持ちになったか，「わたし」役の人がインタビューする（フィードバック）。

・肯定的な感想を取り上げて，クラスで共有する。

シナリオ

休み時間に，友達と二重跳びの練習をしています。
友達　「あああ。ちっとも跳べない。もう二重跳びなんて嫌だな！」
わたし　「でも△△ちゃん，前より縄がヒュンヒュン回っているよ。がんばって」
友達　「そうかな……。よし，がんばるよ」

2　リハーサル（2）＜気づかう＞とフィードバック

【具合が悪くて早退する友達を気づかう場面】

○教師対子どもで，シナリオを見ながら3回ほど練習させる。（言葉を覚える）

○ペアで役を決め，シナリオを見ないで練習させる。

・初めは抵抗がない子ども同士など，教師が意図的に2人組をつくるようにする。

○非言語的スキルに気をつけてペアで練習させる。（近づいて・相手の目を見て・聞こえる声で）

○ペアを変えて繰り返し練習させる。

○3人組にして，非言語的スキルができているかどうか見てあげる役をつくってみてもよい。

・観察役の人は，非言語スキルについてよくできていたことを「わたし」役の人に伝える（フィードバック）。

シナリオ

発熱で早退する友達が，帰りじたくのために教室に戻ってきました。
わたし　「あ，○○ちゃん。大丈夫？」
友達　「うん……。熱があるから帰るんだ」
わたし　「早く治るといいね」
友達　「うん。ありがとう」

4　振り返り

○「ふりかえりカード」を使って学習を振り返らせる。

・心地よさを共有し，般化を促す。

◇「トライ・トライカード」の説明をする。

◇「教室」と「家庭」の般化の取組みについて説明する。（P.121～125）

子ども用 〈中学年〉

リハーサル（1）＜はげます＞
～練習をがんばる友だちをはげます場面～

① 休み時間に，友だちと二重とびの練習をしています。

② 友だち「あああ。ちっともとべない。もう二重とびなんていやだな！」
わたし「でも△△ちゃん，前よりなわがヒュンヒュン回っているよ。」

③ わたし「がんばって！」
友だち「そうかな……。よし，がんばるよ。」

リハーサル（2）＜気づかう＞
～早退する友だちを気づかう場面～

① 発熱で早退する友だちが，帰りじたくのために教室にもどってきました。

② わたし「あっ，○○ちゃん。だいじょうぶ？」
友だち「うん…。熱があるから帰るんだ。」

③ わたし「早く治るといいね。」
友だち「うん。ありがとう。」

〈シナリオ〉
　休み時間に，友だちと二重とびの練習をしています。

友だち　「あああ。ちっともとべない。
　　　　　もう二重とびなんていやだな！」
わたし　「でも，△△ちゃん，前よりなわがヒュンヒュン回っているよ。がんばって！」
友だち　「そうかな……。よし，がんばるよ」

〈シナリオ〉
　発熱で早退する友達が，帰りじたくのために教室にもどってきました。

わたし　「あっ，○○ちゃん。だいじょうぶ？」
友だち　「うん……。熱があるから帰るんだ」
わたし　「早く治るといいね」
友だち　「うん。ありがとう」

今日の学習をふりかえり，気づいたことを発表しよう。

教師用　学級での学びの進め方　高学年 ―7. あたたかいメッセージを伝え合おう② (励ます・気づかう)―

1　リハーサル (1) <励ます>
【大嫌いなマラソン練習を前にゆううつになっている友達を励ます場面】
◎教室に戻ったら，すぐにリハーサルを開始する。
○班ごとにセリフを考えさせる。
○考えたセリフでロールプレイをする。
○班ごとにロールプレイを全体に発表する。
○どの班の言葉かけが励まされた感じがするか，話し合う。
・話し合わせる際，なぜその言葉かけがよいと思ったか理由を言わせるようにする。
・よい言葉かけを話し合わせることでスキルを高める。
・他の班の発表について否定的な意見を言わない約束をする。
○いちばん励まされた感じがする言葉かけを全体で練習する。
○ペアを変えながら何度か繰り返し練習する。

シナリオ

　友達は，マラソン練習が大嫌いです。次はマラソン練習の時間なので，友達はため息をついています。
　どのような言葉かけをすれば友達の気持ちを少しでも楽にしてあげられるでしょうか。

2　リハーサル (2) <気づかう>
【委員会の仕事で困っているメンバーを気づかう場面】
○班ごとにロールプレイをする。
○「わたし」役にわからないように「メンバー」役を決める。「わたし」役の子どもは，だれが困っている「メンバー」役なのかよく様子を見ながら気づかう言葉をかける。
○班の全員が交代で「わたし」役を経験する。
・困っている人に自分で気づいて，気づかう言葉をかける練習をする。

シナリオ

　委員会の仕事でアンケートの集計をしています。わたしは終わったので，先生に提出しにいこうとしたところ，困っている様子のメンバーを見つけました。
メンバー　（困っている様子で）「……」
わたし　　「どうしたの？」
メンバー　「何度やっても合計が合わないんだ……」
わたし　　「一緒にやってみようか」

4　振り返り
○「ふりかえりカード」を使って学習を振り返らせる。

・「あたたかいメッセージ」は言っても言われても気持ちがよくなることを引き出したい。

◇「トライ・トライカード」の説明をする。
◇「教室」と「家庭」で行う般化の取組みについて説明する。(P.121～125)

子ども用 〈高学年〉

リハーサル（1）＜はげます＞
〜ゆううつになっている友だちをはげます場面〜

友だちは，マラソンが苦手です。
次の時間はマラソンの練習なので，友だちはため息をついています。

わたし　友だち

はあー。マラソン練習か。いやだなー。

☆ どんな言葉かけをすれば，友だちの気持ちを少しでも楽にしてあげられるでしょうか。

① 班ごとにセリフを考えよう。

② 班ごとにロールプレイを練習しよう。

③ 班のロールプレイを順に発表し合おう。

④ どの班のロールプレイがはげまされた感じがするか，話し合おう。

⑤ いちばんはげまされた感じがする言葉かけを全体で練習しよう。
（ペアを変えながら何度もやってみよう。）

リハーサル（2）＜気づかう＞
〜困っているメンバーを気づかう場面〜

① 委員会の仕事でアンケートの集計をしています。わたしは終わったので，先生に提出しにいこうとしたところ，困っている様子のメンバーを見つけました。

わたし　メンバー
……。

② どうしたの？
何度やっても合計が合わないんだ…。

③ いっしょにやってみようか。

〈シナリオ〉
委員会の仕事でアンケートの集計をしています。わたしは終わったので，先生に提出しにいこうとしたところ，困っている様子のメンバーを見つけました。

メンバー　（困っている様子で）「……」
わたし　　「どうしたの？」
メンバー　「何度やっても合計が合わないんだ……」
わたし　　「いっしょにやってみようか」

今日の学習をふりかえり，気づいたことを発表しよう。

第2章　全校一斉方式 SSE プログラム

あたたかいメッセージを伝え合おう （①②）

ふりかえりカード

年	組	名前

1　全校で，お話を聞いたり，げきを見たりしました。わかったことや気づいたことは何ですか。

2　教室で，「あたたかいメッセージを伝える」練習をしました。次のことはできましたか。あてはまるものに○をつけましょう。

○　相手を見てあたたかいメッセージを伝えることができましたか。

①　できた	②　少しできた	③　あまりできなかった	④　できなかった

3　教室で「あたたかいメッセージを伝える」の練習をして，感じたことや思ったことを書きましょう。

ововання
7. あたたかいメッセージを伝え合おう② (励ます・気づかう)

「トライ・トライカード」の活用の仕方
～学校と家庭で行うソーシャルスキルの定着化～

(1) 学級での定着化（般化）（1～2週間）

＜カードについて＞
　掲示にふさわしいような季節にあったモチーフを選んでカードを用意する。（木の葉・ハート型・七夕のたんざくなど）色を変えて3種類用意する。
　・友達に言ってもらったあたたかいメッセージを記録するカード
　・自分が友達に伝えたあたたかいメッセージを記録するカード
　・冷たいメッセージを記録するカード（水色）

＜効果的な活用の仕方＞
①3種類のカードとポストの箱を教室に備えておく。
②あたたかいメッセージを言ったり，言われたりしたとき，冷たいメッセージを言われたときに随時カードに記入し，ポストの箱に入れる。（学級終会などで1日を振り返り，カードに記入する時間を確保することが望ましい。）
③放課後にカードに記述された内容を担任がチェックし，紹介すべきものをピックアップする。
　・リハーサルで学習した場面と合うもの
　・ほかの子どもが気づいていないような場面をとらえているもの
　・いままでなかなかあたたかいメッセージを言えなかった子どものカードなど
④翌日の学級朝会で，前日にピックアップしておいたカードを紹介する。また，冷たいメッセージのカード（水色）が入っていたら，「そのようなことが続いていることが悲しい。いま，冷たいメッセージを言われてつらい気持ちでいる人がいると思うと，先生もつらい」という担任の気持ちをアイ・メッセージで学級に伝える。（冷たいメッセージのカードは，メッセージだけ読み上げ，伝えた人の名は伏せて担任が処分する。）
⑤ポストに入っていたすべてのあたたかいメッセージのカードをみんなの前で返却し，その場で掲示板に張らせる。うれしそうにカードを張りにいく子どもの姿が見られ，この日の取組みへの意欲づけになる。
　このときに，なかなか取り組めていない子どもを把握することができるので，その子どもに合った働きかけをすることができる。
　・紹介したカードのような場面が自分になかったか想起させる。
　・子どもの生活を少し気をつけて見取り，あたたかいメッセージを言ったり，言ってもらったりした場面をとらえてその場で教え，意識できるようにする。（カードを書くきっかけを与える。）
★取組みの最初は，書けない子どももいるかもしれない。カードが書けないことをけっして責めない。書きたくなるように水を向けることはあっても，無理強いしない。
⑥大規模校で人数が多い場合は，前日の自分のカードの上に重ねて張るようにしていくとよい。それにより取組みの様子や個人のカード内容の変容が見取れる。

(2) 家庭での定着化（般化）

　学校内での般化の取組みと同時に，家庭内での般化を促していくことは大変重要である。学校だけでなく家庭にも理解を求め，子どもたち自身も周囲にいる大人もあたたかいメッセージを伝えようと意識していくことで，定着が進むことが期待できる。
　家庭用の般化カードを配布する際に，次ページのような便りを一緒につけて保護者の理解を得たいものである。
　なかには，保護者自身があたたかいメッセージを伝えることに不慣れで，抵抗感が大きい場合もある。そうした場合，記録カード自体に抵抗感を訴えてくることもあるが，無理強いをしない。子どもへのフォローをしながら（家庭内であたたかいメッセージを見つけられない場合，先生から言ってもらった言葉を記録させておくなど），学級便りなどで途中経過を伝えるような形で，ほかの保護者の言葉を伝えていく。理解してもらえるまで時間がかかるかもしれないが，学校が繰り返し実践していくなかで，少しずつ理解してもらえることを期待する。やはり指導者自身が「ゆっくり・楽しく・続けて」いくことで，理解につながっていくと考える。

平成　　年　　月　　日

保護者　様

「あたたかいメッセージ」の取組みについて

○○市立○○小学校

校長　○○　○○

　○○小学校では，好ましい人間関係を結ぶ力を育てるために，どんな態度や言葉の伝え方をしたらよいかの学習をしています。これを「ソーシャルスキル教育」といいます。今月は「冷たいメッセージをなくし，あたたかいメッセージを伝え合おう」という内容で学習してきました。

　＜冷たいメッセージの例＞
　（子どもアンケートより）
　「ばか」「来るな」「入れてやんない」
　「あ，そう！」「はあ？」
　「またおまえかあ」（嫌なあだ名）

　アンケートによると，日常生活で多くの子どもたちが上のような「冷たいメッセージ」を言われて傷つく経験をしていました。こうした「冷たいメッセージ」を受けると，嫌な気持ちになってやる気が出なくなってしまいます。

　下のような「あたたかいメッセージ」を交わし合うことができると，友達とも良好な関係を結ぶことができ，自分に自信をもって明るい気持ちで物事に取り組むことができます。あたたかい人間関係ができている学校では，活気があり学習にも集中できて，学力が伸びると言われています。

　＜あたたかいメッセージの例＞
　ほめる　「すごいね」「上手だね」
　感謝する　「ありがとう」「助かったよ」
　励ます　「がんばって」「ドンマイ」
　気づかう　「どうしたの？」「大丈夫？」

　あたたかいメッセージは，学校だけでなくご家庭でも取り組んでいただけると大変効果的です。
　一般的に，ほめられることが少なく，しかられたり，小言ばかり言われたりしている子は，学校でも不平や不満をもちやすく，友達のよいところよりマイナス面に注目し，冷たいメッセージを伝える傾向にあるといわれています。
　下記のようなカードを配布しましたので，お子さんと一緒にお取り組みいただきたいと思いま

7. あたたかいメッセージを伝え合おう② (励ます・気づかう)

す。
　カードは，毎日記入し学校に持ってくることにします。最初は，お子さんが記入の仕方がわからなかったり，あたたかいメッセージが見つけられなくて困ったりすることもあるかもしれません。そのときは，保護者の方から「ほら，～があったよ」とアドバイスしていただければと思います。ご協力をよろしくお願いします。

月・日	よう日	自分のとりくみ	家の人から言ってもらった言葉
7／10	木	・お母さんが，かみをむすんでくれたとき「ありがとう」と言った。 子どもが自分で言ったあたたかいメッセージを自分で書きます。	・漢字テストが90点だったけど，お母さんが「こんどは細かいところも気をつければいいじゃない。がんばったよ」と言ってくれた。 家の人から言ってもらったあたたかいメッセージを子どもが書きます。
〰〰	〰〰	〰〰〰〰〰〰〰〰〰〰	〰〰〰〰〰〰〰〰〰〰
ふりかえり		1週間の取組みの様子を子どもが自分で振り返って書きます	1週間分の取組みの様子を振り返って保護者の方にご記入していただきます。（ご自身のこと，お子さんのこと）

トライ・トライカード

家(いえ)でのあたたかいメッセージ記録(きろく)カード

年(ねん)	組(くみ)	名前(なまえ)

家(いえ)の人(ひと)から言(い)ってもらったり，自分(じぶん)が言(い)ったりしたあたたかいメッセージを書(か)きましょう。
毎日(まいにち)，先生(せんせい)に出(だ)しましょう。

月(がつ)・日(にち)	よう日(び)	自分のとりくみ	家(いえ)の人(ひと)から言(い)ってもらった言葉(ことば)
／	月		
／	火		
／	水		
／	木		
／	金		
／	土		
／	日		

ふりかえり	おうちの方(かた)から

7. あたたかいメッセージを伝え合おう②（励ます・気づかう）

指導のポイント

○「あたたかいメッセージを伝え合おう」のSSEでは，「振り返り」で子どもの感情を問うと，「あたたかいメッセージは，自分が言っても友達から言われてもいい気持ちになる」という感想がよく聞かれる。低・中学年ほど，この感情を体感しやすくなるのではないだろうか。振り返りの際に，子どものカードからこうした感想が出たら，その声を拾い，全体に紹介して印象づけたい。

～子どもの振り返りより～
★人にあたたかいメッセージを言うと楽しくて，またやりたいなと思いました。
★あたたかいメッセージを言ってもらうと，練習なのにいい気持ちでした。
★（あたたかいメッセージを）言ったり，言われたりして，うれしかったし，友達とも仲よくなれました。
★練習で，あたたかいメッセージを言われるとうれしかったです。でも，あんまり言ったことがないので，少し恥ずかしかったです。（正直な感想を大切にし，本音を出しても大丈夫という安心感をもたせる。）

○「トライ・トライカード」は，子どもが気づいたときにどんどん書かせてよいが，終会・朝会を利用すると効果が上がる。（P.121参照）

○日常生活のなかで，初めはなかなか口にできないことも多いので，あたたかいメッセージを伝えるタイミングを教えたり，伝えている人をほめたりすることで，だんだんできるようになるのを待つ。なかなか言えない子もなかにはいるが，強要しない。（学習を繰り返すうちに少しずつ言えるようになってくる。）
前述の「トライ・トライカード」の書かせ方と同じである。

○家庭での般化も重要である。理解を得るために，参観日にSSEの授業を実施して参観してもらったり，学年・学級便り等で説明をしたりする。子どもたちの実際の言葉や，変化してきた姿を伝えるのも効果的である。また，参観後の保護者会などで，保護者を対象にSSEを行うこともできる。子どもが体験しているSSEを直接体験してもらうものである。それによって，子どもだけでなく大人もあたたかいメッセージを伝えることを忘れていることや，あたたかいメッセージがもたらすプラスの感情に気づくことができる。

～保護者の感想より～
★ほめるのはむずかしいですね。日ごろから意識してほめてあげたり励ましてあげたりしようと思いました。
★（あたたかいメッセージを集めようとしても）自分の言葉がたりないという気がしたり，アンケート（子どもがどんなときにあたたかいメッセージが欲しいか）を見てはっとしたり，勉強になりました。リハーサルは楽しかったです。
★日常生活に追われて，全然声かけなんて気にもしていなかったのですが，ちょっとした声かけで子どもたちもうれしいんだなと思いました。

コラム　縦割り班活動であたたかいメッセージを伝える②

1　概要とねらい

　実践校は，中山間地に位置する全校80名ほどの小規模校である。素直でおだやかな児童が多いが，幼少期から少人数で生活してきたことから，友人関係が固定化しがちだったり，言葉によるコミュニケーションが省略される傾向がみられた。そうしたことからトラブルが起こることや，言いたいことが伝えられないという子どもの実態から，全校でSSEに取り組んできた。約1年半ほど全校一斉方式SSEに取り組んできたところで，単なる清掃班であった縦割り班をより有機的に活用し，子ども同士のつながりを深める活動に結びつけていくこととした。

　ねらいは，以下のとおりである。
○全校一斉方式SSEで培ってきたコミュニケーション能力を活用させ，子ども同士のつながりを深め，対人関係能力を高める。
○楽しい活動のなかで，それぞれの発達段階に合った役割を果たすことで，自己有用感を獲得させる。

2　年間の取組み

期	月	全校一斉方式SSE	わかたけチーム活動
前期縦割り班	4月	気持ちのよいあいさつ	顔合わせ会
	5月	相手の話を上手に聴こう	運動会（縦割り班レース）
	6月	仲間に入ろう・友達をさそおう	クリーン作戦
	7月	冷たいメッセージをなくし，あたたかいメッセージを伝え合おう（ほめる・励ます）	みんなで遊ぼう①（王様ドッジボール）
	9月	冷たいメッセージをなくし，あたたかいメッセージを伝え合おう（気づかう・感謝する）	全校遠足
後期縦割り班	10月	相手の気持ちを考えてあたたかいメッセージを伝え合おう	顔合わせ会
	11月	やさしい頼み方を身につけよう	クリーン作戦
	12月	上手な断り方	みんなで遊ぼう②（おでん大会）
	1月	不平・不満の伝え方	体力アップタイム（大縄）
	2・3月	解決策がいっぱい	なわとび集会

・事前指導では，あたたかいメッセージ（ほめる・励ます・気づかう・感謝する）を伝え合うことを中心に指導してきた。
・行事の事前活動（話し合い等）の段階から振り返りを重視し，カード等に伝えることができたあたたかいメッセージを記録するようにした。繰り返し取り組むことで，子ども自身もあたたかいメッセージを伝えることを意識できるようになり，効果が高まった。

7．あたたかいメッセージを伝え合おう②（励ます・気づかう）

3　変容と成果

チームのためによいと思うことを考えて行動することができましたか（7月、12月の棒グラフ：ぜんぜんできなかった／あまりできなかった／少しはできた／とてもよくできた）

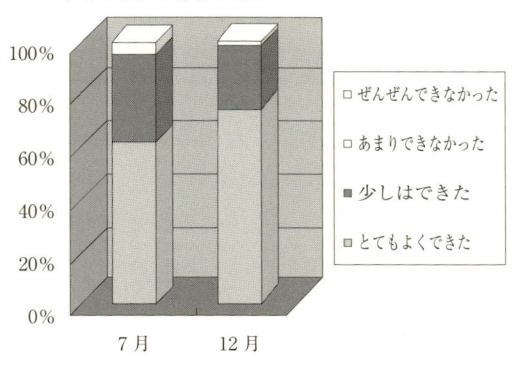

自分の行動は「チームの役に立った」「喜んでもらえた」という感じがしますか（7月、12月の棒グラフ：ぜんぜん感じない／あまり感じない／少しは感じる／とてもよく感じる）

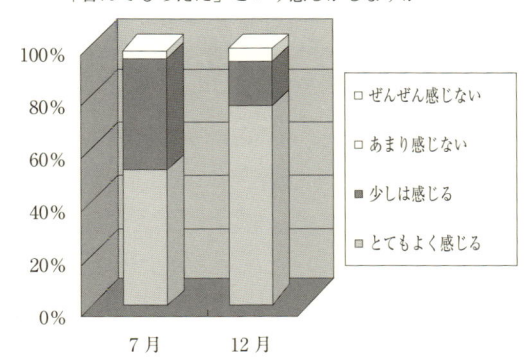

＜子どもの振り返りより＞
低学年・みんなに「大丈夫だよ。次があるよ」と言った。
　　　・ほめてもらえた。「すごいね」と言ってもらえた。
中学年・（王様ドッジボールで，味方がボールを当てたら）一緒に喜ぶことができた。（7月SSE「ほめる・励ます」を受けて）
高学年・Ｉさんが，おこらずにみんなに指示していて，すごいと思いました。ぼくもそんな6年生になりたいです。
　　　・下級生にあたたかい言葉を言うと「班長に○○って言ってもらってうれしい」と言われるから，喜んでもらえたという感じがした。
　　　・そうじや「わかたけチーム活動」をしているときに，一人一人を見るようにしていて，いいことやすごいと思ったことはほめているので，言われた人はうれしそうな顔をしてくれるから喜んでくれたと思う。

＜担任の考察より＞
低学年・高学年の姿を見て，学年のなかにもリーダーが育ってきた。（真似をする）
中学年・受け身だった子どもも，SSEの学習を踏まえて，チームのなかで自分から他者に対してあたたかいメッセージを言うと自分もいい気持ちになるということを少しずつ体感し始めた。
　　　・休み時間に下級生とも遊ぶようになったり，QUの「友達紹介」の欄に他学年の子どもの名前があがるようになったり，つながりが広がったのを感じた。
高学年・相手が喜んでくれたときに，自分もうれしいということを体験を通して学ぶことができている。ほかの活動も自信をもって取り組めるようになった。
　　　・下級生を仲間に入れて遊ぶのもうまくなり，自然にできるようになっている。

約1年半ほど全校でSSEに取り組んできたことが，縦割り班活動と結びついて，子どものつながりは学年を超えて広がった。特に子ども同士を結びつけ，あたたかい関係性を築いたのは「あたたかいメッセージ」を伝え合うことであった。交流のなかでこのスキルが使用され，多くの子どもが互いにかかわる楽しさを感じ，学年を超えたつながりを深めていった。

8. 友達の気持ちを考えて，あたたかいメッセージを伝え合おう

〈気持ちを分かち合う〉

相手の気持ちを考えて
相手をよく見る
話をよく聞く

あたたかいメッセージをおくる
すごいね　やったね　ハイタッチ
ドンマイ　どうしたの

→ 喜びが2倍に

→ 悲しさが半分に

（イラスト：サッカーでゴールを決めて喜ぶ子どもたち）
「やったあ！すごいシュートだったね。」
「ナイスシュート！」
「イエーイ！」

> **ねらい**
> ○気持ちを分かち合うことの大切さを理解する。（知識）
> ○相手の気持ちを読み取り，相手の気持ちを考えてあたたかいメッセージを伝える。（技能）

8. 友達の気持ちを考えて，あたたかいメッセージを伝え合おう

学習の流れ

全校での学び 15分　⇨ P.130〜131

1. 言語的教示（インストラクション）
   ○笑っている子どもの写真と泣いている子どもの写真を提示する。
2. モデリング（1）
   ○好ましくないモデル（サッカーのシュートが決まった場面）を示す。
   　サッカーのシュートが決まってうれしい気持ちを分かち合えずに，友達Aの笑顔が消えていく様子をわかりやすく表現する。
3. 言語的教示（インストラクション）
   ○気持ちを分かち合えないと相手はうれしい気持ちがなくなってしまい，悲しい気持ちや嫌な気持ちになってしまうことを，友達Aにインタビューして伝える。
4. モデリング（2）
   ○好ましいモデル（サッカーのシュートが決まった場面）を示す。
   　言葉だけでなく，うれしい気持ちを分かち合う動きも取り入れて喜び合う様子をわかりやすく表現する。
5. 言語的教示（インストラクション）
   ○気持ちを分かち合えば喜びはどんどん大きくなり，みんながいい気持ちになることを伝え，スキルを確認する。（提示画面は→を操作しながら提示する）
6. 非言語のリハーサル
   ○うれしい気持ちを分かち合う練習を全校で行う。

学級での学び 30分　⇨ P.132（低学年），P.134（中学年），P.136（高学年）

1. リハーサル（1）とフィードバック
   ＜低学年＞　表情から気持ちを読み取る練習
   ＜中学年＞　サッカーのシュートが決まった場面
   ＜高学年＞　リコーダー練習の場面
2. リハーサル（2）とフィードバック
   ＜低学年＞　カルタをたくさん取れた友達や取れなかった友達と気持ちを分かち合う場面
   ＜中学年＞　配り係がノートを配る場面
   ＜高学年＞　自分で考えたシナリオで練習
3. 振り返り
   ○振り返りカードに記入したことを伝え合わせる。
   ○「トライ・トライカード（ハートメモ）」の説明をする。

一人一人の学び

般化
　○友達や家族と気持ちを分かち合うことができたら，「ハートメモ」や日記に書かせ，帰りの会等で発表し合うようにする。

✎ワークシート→ P.138〜139

全校での学びの進め方 —— 8.友達の気持ちを考えて，あたたかいメッセージを伝え合おう ——

		教師の働きかけ	留意点など
1	言語的教示（インストラクション）	友達が泣いていたらどう感じますか？　友達が笑ったらどう感じますか？　泣いたり笑ったりしている人と同じ気持ちになることを「共感」といいます。気持ちを分かち合うことです。 　この写真を見てみましょう。（笑顔の子どもの写真提示）この人はどんな気持ちなのでしょう。 　この人はうれしい気持ちをもっている。そのことが自分もうれしいと思えたら，自分の気持ちやあたたかいメッセージを伝えることが大切です。なぜなら，うれしい気持ちが2倍になるからです。 　この人はどんな気持ちでしょう。（泣いている子どもの写真提示） 　悲しい気持ちですね。困っている気持ちですね。悲しい気持ちを一緒に悲しむことで，その人の悲しさを半分にしてあげることができるのです。悲しい気持ちを分かち合う人が多いほど，どんどん悲しい気持ちを少なくすることができます。 　では，気持ちが分かち合えないとどうなるかを見てみましょう。	「友達の気持ちを考えて，あたたかいメッセージを伝え合おう」を提示する。 提示 〈気持ちを分かちあう〉 子どもや大人のさまざまな表情（喜び・悲しみ・怒り・驚き等）の写真を提示する。 板書イメージ ⇨ P.128
2	モデリング(1)	【好ましくないモデル：サッカーのシュートが決まった場面】 　サッカーの練習中，BからAにパスをして，シュートが決まりました。 　友達A　「やったー！　シュートが決まったぞ。やったね」 　　　　　（うれしそうな身ぶり手ぶりをしている） 　友達B　（Aはうれしさを伝えてきたことに気づいたが，少し笑っただけで何も言わずに見ている） 　友達C　（Aのことを少し見て，そこから立ち去る） 　友達A　（うれしそうな表情をやめて，「おやっ」という表情から悲しい表情になり，ため息をつく）	ゴールやボール等の小道具を使い，タイミングよくシュートを決める。
3	言語的教示（インストラクション）	いまは，気持ちを分かち合えない場面でしたね。Aさんにインタビューしてみます。 　教示者　「Aさん，どんな気持ちになりましたか？」 　友達A　「一緒に喜んでもらえず，悲しい気持ちになりました」 　気持ちを分かち合えないと，うれしい気持ちがなくなってしまい，相手を悲しい気持ちや嫌な気持ちにさせてしまうのです。 　では，気持ちを分かち合えた場面を見てみましょう。	マイクをAさんに向けてインタビューする。 シュートを決めたうれしさがなくなってしまう場面を強調する。

4 モデリング(2)	【好ましいモデル：サッカーのシュートが決まった場面】 　サッカーの練習中，BからAにパスをしてシュートが決まりました。 　友達A　「やったー！　シュートが決まったぞ」 　　　　　（うれしそうな身ぶり手ぶりをしている） 　友達B　（Aがうれしさを伝えてきたことに気づき，Aに近寄る）「やったあ！　すごいシュートだったね」 　友達C　（Aの方に笑顔で近づき） 　　　　　「Aさん，ナイスシュート！」（ハイタッチをする） 　友達A　（さらにうれしそうな表情をする）		あたたかいメッセージを伝えていること，ハイタッチのように「身ぶり」で伝えていることがわかるように強調する。
5 言語的教示（インストラクション）	どうでしたか？　Aさんのうれしい気持ちが3倍になりましたね。 　気持ちを分かち合えば喜びはどんどん大きくなり，みんながいい気持ちになれます。 　気持ちを分かち合うためには，相手をよく見る，話をよく聞くことで，相手の気持ちを読み取ること，さらに，相手の気持ちを考えたあたたかいメッセージをおくることができるようになることが大切です。気持ちを分かち合うには，ほかにも同じ言葉，身ぶりや笑顔，相手の気持ちの顔など，言葉以外の形で伝える方法もあります。		うれしい気持ちがふくらむ様子を押さえる。 提示 相手の気持ちを考えて 相手をよく見る 話をよく聞く 提示 あたたかいメッセージをおくる すごいね　やったね ハイタッチ　ドンマイ　どうしたの
6 非言語のリハーサル	ここで，うれしい気持ちを分かち合う練習をしてみましょう。 　先生の真似をしてください。隣の人と目を合わせて，にっこり笑って「イエーイ」と言いながらハイタッチをします。みんなで一緒にやってみましょう。 　次は，「やったね」「すごーい」と言いながらハイタッチしてみましょう。 　全校が，相手の気持ちを分かち合ってあたたかいメッセージが言えるようになると，うれしさはふくらみ，悲しみは小さくなることでしょう。 　では，これから各教室に戻ってリハーサルを始めましょう。		身ぶりや動作と言語を組み合わせた好ましいモデルを全体で練習すると，教室でのリハーサルにつなげやすい。

↓

教室へ移動してリハーサルを行う。

学級での学びの進め方　低学年　―8. 友達の気持ちを考えて，あたたかいメッセージを伝え合おう―

教師用

1　リハーサル（1）
【表情から気持ちを読み取る練習】
◎教室に戻ったら，すぐにリハーサルを開始する。
・低学年の場合，子ども用資料は，配布するより拡大して黒板に提示するほうがよい。
○教師の表情から，気持ちを読み取る練習をする。
・「相手の気持ちがわからなくては，気持ちを分かち合うことはできません。さっそく，先生の気持ちを読み取ってみてください。『わたしはどんな気持ちでしょう？』」
・喜んでいる顔，悲しんでいる顔，困っている顔の順番に表情をつくり，気持ちを人の様子から判断させる。
・目の大きさ，まゆや口の形，身ぶりや手ぶり，姿勢等も注目させる。
・上手な聴き方のスキルは学習しているが，相手を見るスキルはここで学習する。
○2人組になる。1人が「喜んでいる人」「悲しんでいる人」「困っている人」の動作や表情をつくり，もう1人に相手の気持ちを当てさせる。
・「今度はみなさんの番です。2人組になります。相手がどんな気持ちか，目の大きさ，まゆや口の形，身ぶりや手ぶり，姿勢から読み取ってみましょう。『わたしはどんな気持ちでしょう？』『○○な気持ち？』というふうにね。当たっていたら，『当たり！　やったね』とハイタッチするのもいいね。では，やってみましょう」

2　リハーサル（2）とフィードバック
【カルタをたくさん取れた友達や取れなかった友達と気持ちを分かち合う場面】
○ロールプレイの3ステップで練習する。
○ペアで役割を決めて練習する。
・ペアやグループは児童が活動に入りやすいように配慮する。
○ペアを変えて，繰り返し練習する。
・代表グループに発表してもらい，教師が「友達」役にインタビューする。
・「わたし」役の言葉かけによってうれしさが増したり，元気が出てきたりしたことを引き出す（フィードバック）。

カルタをたくさん取れた友達とのシナリオ

友達A	（たくさん取れてうれしい様子。にっこりした表情をつくる）
わたし	「Aさん，すごい！　たくさんカルタが取れたね」
友達A	「うん，ありがとう」（Vサインやグッドサイン，片手のハイタッチを入れてみる）

カルタを取れなかった友達とのシナリオ

友達B	（1枚も取れなくて悲しい様子）
わたし	「Bさん，ドンマイ。次はきっと取れるよ」
友達B	「うん，ありがとう」

3　振り返り
○「ふりかえりカード」を使って学習を振り返らせる。
・心地よさを共有し，般化を促す。
◇「トライ・トライカード」の説明をする。

子ども用 〈低学年〉

リハーサル（1）
～気もちを読みとる練習～

ふたり組になり，友だちの気もちを読みとってみましょう。

① わたしはどんな気もちでしょう。／○○な気もちですか？

② わたしはどんな気もちでしょう。／○○な気もちですか？

③ わたしはどんな気もちでしょう。／○○な気もちですか？

※ あたっていたら，「あたり！ やったね！」とハイタッチをするのもいいね。

「あたり！」 →　「やったね！」

リハーサル（2）
～カルタとりの場面～

カルタとり 1

① Aさんは，たくさんとれてうれしいようです。
（わたし／Aさん）

② Aさん，すごい！ たくさんカルタがとれたね。パチパチ／うん，ありがとう。

※ Vサイン，グッドサイン，かた手のハイタッチを入れてみよう。

ブイサイン　グッドサイン　かた手のハイタッチ

カルタとり 2

① Bさんは，1まいもとれなくてかなしいようすです。
（わたし／Bさん）

② Bさん，ドンマイ。つぎはきっととれるよ。／うん，ありがとう。

〈シナリオ〉～カルタとり1～
　Aさんは，たくさんとれてうれしいようすです。

わたし　「Aさんすごい！　たくさんカルタがとれたね」
Aさん　「うん，ありがとう」（VサインやグッドサインやVサイン，かた手のハイタッチを入れてみよう。）

〈シナリオ〉～カルタとり2～
　Bさんは，1まいもとれなくてかなしいようすです。

わたし　「Bさん，ドンマイ。つぎはきっととれるよ」
Bさん　「うん，ありがとう」

今日の学しゅうをふりかえり，気づいたことをはっぴょうしよう。

教師用　学級での学びの進め方　中学年
―8. 友達の気持ちを考えて，あたたかいメッセージを伝え合おう―

1　リハーサル（1）とフィードバック
【サッカーのシュートが決まった場面】
◎教室に戻ったら，すぐにリハーサルを開始する。
○ロールプレイの3ステップで練習する。
○3人で役を決め，シナリオを見ないで練習する。
○動作や表情に気をつけて練習する。
・「目と体を向けて」あたたかいメッセージを伝えられるように働きかける。
・子ども用資料は，拡大したり個人配布したりして，練習しやすいように準備する。
・シナリオにない動きや言葉を工夫しているときは大いにほめる。
○代表グループに練習の成果を発表してもらう。
・A役の子にB役やC役の子のかかわりはどうだったかインタビューする。
・うれしい気持ちがふくらんでいることを確認する（フィードバック）。

シナリオ

①友達Bがパスをして，友達Aがサッカーゴールにシュートをして決まったシーン。うれしそうに飛び上がりながら，
A「やったー。シュートが決まった！」
②Aがうれしさを伝えてきたことに気づき，Aに近寄る。
B「やったー。すごいシュートだったね！」
③Aに笑顔で近づいて
C「Aさん！　ナイスシュート！」
　＜ハイタッチ＞
　A，さらにうれしそうな笑顔になる。

2　リハーサル（2）
【配り係がノートを配る場面】
○ロールプレイの3ステップを活用する。
○ペアで役割を決めて練習する。
・ペアやグループは児童が活動に入りやすいように配慮する。
○ペアで役を変えて，繰り返し練習する。
○2人組を二つ合わせて4人組をつくる。配り係の3人はA役をあらかじめ相談して決めておく。「わたし」は，だれがいちばん大変そうか判断して友達に声をかける。
・「わたし」役には，A役がだれに決まったのかわからないようにする。
・もし，A役ではない人に声をかけたら，なぜその人を手伝おうとしたのか，「わたし」役の話を聞く。
○4人組のなかで役を変えて，繰り返し練習する。

シナリオ

　3人の配り係がノートを配ろうとしている。Aがいちばんノートが多く，重そうに抱えて配り始めようとする。
わたし「大丈夫？　配るの手伝おうか？」
友達A「わあ，ありがとう！」
ほかの2人も「手伝ってくれてありがとう！」
　　　　　　　　「助かる！」
と笑顔で伝える。

3　振り返り
○「ふりかえりカード」を使って学習を振り返らせる。
・心地よさを共有し，般化を促す。
◇「トライ・トライカード」の説明をする。

子ども用 〈中学年〉

リハーサル（1）
～サッカーのシュートが決まった場面～

① サッカーで，Aさんがシュートを決めました。
　Aさんは，うれしそうにとび上がっています。

②

③

〈シナリオ〉
　サッカーで，Aさんがシュートを決めました。
　　　　　　（Bさんがパス→Aさんがシュート）

Aさん　（うれしそうにとび上がりながら）
　　　　「やったー！　シュートが決まった！」
Bさん　（Aさんに近より，）
　　　　「やったー！　すごいシュートだったね！」
Cさん　（Aさんにえがおで近づいて）
　　　　「Aさん！　ナイスシュート！」
　　　　（AさんとCさん，ハイタッチをする。）

リハーサル（2）
～配り係がノートを配る場面～

① 3人の配り係が，ノートを配ろうとしています。
　Aさんのノートがいちばん多く，重そうです。

②

〈シナリオ〉
　3人の配り係（ABC）がノートを配ろうとしています。Aさんのノートがいちばん多く，重そうです。

わたし　「大丈夫？　配るの手伝おうか？」
Aさん　「わあ，ありがとう！」
Bさん　（えがおで）「手伝ってくれてありがとう！」
Cさん　（えがおで）「助かる！」

今日の学習をふりかえり，気づいたことを発表しよう。

学級での学びの進め方　高学年　—8. 友達の気持ちを考えて，あたたかいメッセージを伝え合おう—

1　リハーサル（1）
【リコーダー練習の場面】
◎教室に戻ったら，すぐにリハーサルを開始する。
○全体で「○○○○」に合う言葉についてアイディアを出し合う。
・教師は意見を板書し，残しておく。
・自分の経験と合わせて，場面設定をより詳しく考えるよう支援する。
　（例）友達の様子が△△△だったら「○○○○」，□□□□だったら「●●●●」と言います。わけは～。
・教師は，子どものいろいろな意見を共感的に受け止める。
・<u>「わたし」もやる気がなくなるという考えは，共感ではなく同調になるので区別する。</u>
・動作や表情について工夫する点はないか考えさせる。「目と体を向けて」あたたかいメッセージを伝えられるように働きかける。
・リラックスした雰囲気のなかで感情表出しやすいよう配慮する。
・吹き出しに当てはまらないものも，状況に合っていれば認める。

シナリオ

> 音楽の時間に，リコーダーアンサンブルの練習をグループでしています。合奏の途中で合わせられない友達が困って，演奏をやめてしまいました。
> 友達　　（演奏をやめて）「……」
> わたし　「どうしたの？」
> 友達　　（泣きだすような感じで）
> 　　　　「まだうまく合わせられなくて……」
> わたし　「○○○○○。一緒に練習しよう！」

2　リハーサル（2）とフィードバック
【自分で考えたシナリオで練習しよう】
○班ごとにロールプレイをする。
・班は児童が活動に入りやすいように配慮する。
○「わたし」役にわからないように，「友達」役を1人決める。セリフは，自分で考えて言うことを確認する。
○動作や表情に気をつけて，決めた役でロールプレイをする。
・「わたし」役は，だれが「友達」役かわからないので班員の様子をよく見るように支援する。
・声をかけるべき班員に，適切に声をかけられたらOK。
○自分の言葉かけが終わったら，動きや表情で気をつけたところ (2)-②などを伝え，相手の感想を聞く（フィードバック）。
・よいところを見つけて伝えるようにし，否定的な感想を伝えないようにする。
・修正がある場合の伝え方を指導する。
　例）「○○したところがよかったです。○○を○○するともっとよくなると思います」
○「わたし」「友達」役を交代しながら，どちらの役もできるように繰り返し練習する。

3　振り返り
○「ふりかえりカード」を使って学習を振り返る。
・心地よさを共有し，般化を促す。
◇「トライ・トライカード」の説明をする。

子ども用 〈高学年〉

リハーサル　～リコーダー練習の場面～
(1) せりふを考えよう。　(2) 自分で考えたシナリオで練習しよう。

① 音楽の時間に，リコーダーアンサンブルの練習をグループでしています。
合奏のとちゅうで，合わせられない友だちが困って，演奏をやめてしまいました。

② どうしたの？／まだうまく合わせられなくて……。

③ ○○○○○　いっしょに練習しよう！

〈シナリオ〉

音楽の時間に，リコーダーアンサンブルの練習をグループでしています。
合奏のとちゅうで，合わせられない友だちが困って，演奏をやめてしまいました。

友だち　（演奏をやめて）「……」
わたし　「どうしたの？」
友だち　（泣きだすような感じで）
　　　　「まだうまく合わせられなくて……」
わたし　「○○○○○。いっしょに練習しよう」

（1）　○○○○○に合う言葉は何だろう？

① なぜ，その言葉をかけようと思ったのかな？

② 動きや表情で気をつけることはないかな？

（2）　自分で考えたシナリオで練習しよう。
　　　（班ごとにロールプレイ）

今日の学習をふりかえり，気づいたことを発表しよう。

137

| 友だちの気持ちを考えてあたかいメッセージを伝え合おう |

ふりかえりカード

年	組	名前

1 全校で，お話を聞いたり，げきを見たりしました。わかったことや気づいたことは何ですか。

....

....

....

2 教室で，「友だちの気持ちを考えてあたたかいメッセージを伝える」練習をしました。次のことはできましたか。あてはまるものに○をつけましょう。

(1) 友だちのようすから，気持ちを考えることができましたか。

① できた　　② 少しできた　　③ あまりできなかった　　④ できなかった

(2) 友だちの気持ちを考えて，あたたかいメッセージを伝えることができましたか。

① できた　　② 少しできた　　③ あまりできなかった　　④ できなかった

3 教室で「友だちの気持ちを考えてあたたかいメッセージを伝える」練習をして，感じたことや思ったことを書きましょう。

....

....

....

....

8．友達の気持ちを考えて，あたたかいメッセージを伝え合おう

トライ・トライカード

「気持ちを分かち合おう」

年 組	名前

ハートメモに残しておこう

友だちのうれしい気持ちをふやしたぞ！
悲しい気持ちを分け合ってへらしたぞ！

だれと，いつ，どんなふうに気持ちを分かち合ったのか，ハートメモにかいておこう！

9. 上手な断り方を身につけよう

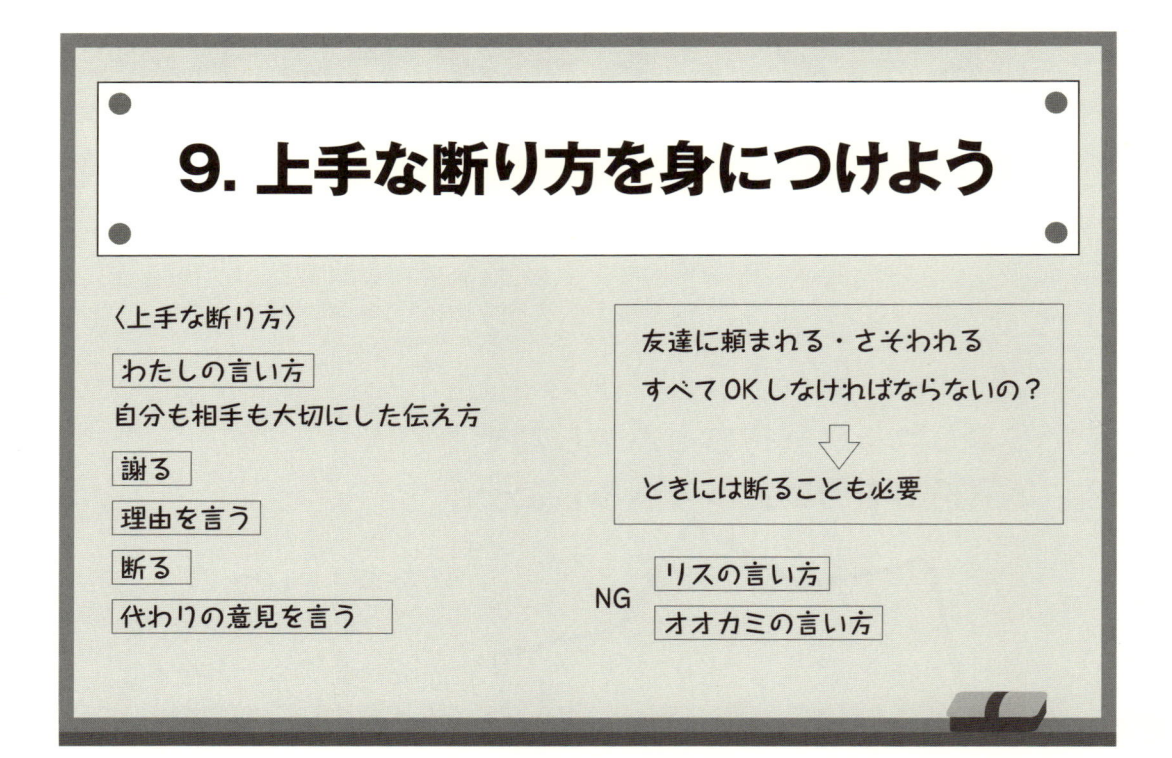

〈上手な断り方〉

| わたしの言い方 |
自分も相手も大切にした伝え方

| 謝る |
| 理由を言う |
| 断る |
| 代わりの意見を言う |

友達に頼まれる・さそわれる
すべてOKしなければならないの？
⇩
ときには断ることも必要

NG | リスの言い方 |
| オオカミの言い方 |

1
昼休みにおにごっこしよう！

2
ごめん。○○さんと鉄ぼうをするから、おにごっこはできないよ。
明日いっしょに遊ぼう！

うん、わかった。明日ね！

ねらい

○頼まれたとき，さそわれたときなど，自分の都合や気持ちを大切にして，ときには断ることも必要であることを理解する。（知識）
○自分や相手を傷つけない「わたしの言い方」ができるようにする。（技能）

9. 上手な断り方を身につけよう

学習の流れ

全校での学び 15分　⇨ P.142〜143

1. **言語的教示（インストラクション）**
   ○友達の頼みごとやさそいなどに対して，断りたいけれど断れなかったことはないか思い出させる。
   ○頼みごとなどをすべて引き受けるのではなく，断るのか引き受けるのか「自問」し，自分の都合や気持ちを大切にするために，断ることも必要であることを伝える。

2. **モデリング**
   ○消極的な断り方のモデル（リスの言い方）を示す。
   ・Bさんが「昼休みに遊ぼう」とAさんにさそわれたときに，Bさんははっきりしない言い方をする。
   ○攻撃的な断り方のモデル（オオカミの言い方）を示す。
   ・Bさんが「昼休みに遊ぼう」とAさんにさそわれたときに，攻撃的な言い方で断る。
   ○主張的な断り方のモデル（わたしの言い方）を示す。
   ・Bさんが「昼休みに遊ぼう」とAさんにさそわれたときに，友達を不快な気持ちにさせることなく，自分の言いたいことをしっかりと伝える。

3. **言語的教示（インストラクション）**
   ○3とおりの言い方に対して，それぞれどんな気持ちになったかインタビューをする。
   ○上手な断り方は，①謝る　②理由を言う　③断る　④代わりの意見を言う　であることを確認する。

学級での学び 30分　⇨ P.144（低学年），P.146（中学年），P.148（高学年）

1. **リハーサル（1）とフィードバック**
   ＜低学年＞　「昼休みに一緒に遊ぼう」とさそわれる場面
   ＜中学年＞　掃除の時間に「机ふきを手伝って」と頼まれる場面
   ＜高学年＞　用事をすまそうとしていると「荷物運びを手伝って」と頼まれる場面

2. **リハーサル（2）とフィードバック**
   ＜低学年＞　「一輪車を貸して」と頼まれる場面
   ＜中学年＞　授業中に「コンパスを貸して」と頼まれる場面
   ＜高学年＞　いくつか設定した場面から選んでリハーサル

3. **振り返り**
   ○学習を振り返り，カードに記入させる。
   ○シェアリングをする。（みんなで感想を発表し合う。）

一人一人の学び

般化
○帰りの会で，友達の頼みごとやさそいなどに対して「上手な断り方」ができたか振り返る。
○金曜日に，1週間の取組みを振り返る。

✎ワークシート→P.150〜151

全校での学びの進め方 ─9. 上手な断り方を身につけよう─

	教師の働きかけ	留意点など
1 言語的教示（インストラクション）	今日は，「上手な断り方」の学習をします。みなさんは，友達から話しかけられたり，頼まれたり，さそわれたりすることがありますね。そういうときには，すべてOKしなければならないのでしょうか？　ときには，自分の都合や気持ちを大切にするために，断ることも必要です。 　では，友達から話しかけられたときや頼まれたとき，さそわれたときの断り方について，短い劇を見て学習しましょう。 板書イメージ ⇨ P.140	「上手な断り方を身につけよう」を提示する。 提示 〈上手な断り方〉 これから，断り方のモデルを三つ見せることを伝える。
2 モデリング	【消極的な断り方のモデル：「リスの言い方」】 　Bさんが机を運んでいると，Aさんが来て言いました。 　Aさん　「昼休みに鬼ごっこをしよう」 　Bさん　「えっ……。う，うん」 　Aさん　「じゃあ，待ってるね」 　Bさん　「あ，ああ」（Aさんを見送り，ため息をつく） 　Bさんにインタビューをしてみます。 　教示者　「Bさん，Aさんにさそわれて『うん』と答えましたね。でも，ため息をついていたのはどうしてですか？」 　Bさん　「Cさんと鉄棒をする約束をしていたんです。Aさんにさそわれたけど，何だか悪くて断れませんでした」 　Bさんは，Aさんにはっきりと断ることができませんでした。「リスの言い方」では，言いたいことを伝えることができません。また，自分の都合や気持ちを大切にすることもできませんね。 　では，次の場面を見てみましょう。 【攻撃的な断り方のモデル：「オオカミの言い方」】 　Aさん　「昼休みに鬼ごっこをしよう」 　Bさん　「だめ，無理」 　Aさん　「いいよ。もう一緒に遊ばない」 　Bさん　「なにいっ！」（怒ってAさんを見る） 　教示者　「Bさん，Aさんに一緒に遊ぼうとさそわれて，けんかになりそうでしたね。いま，どんな気持ちですか」 　Bさん　「Aさんにさそわれたけど，Cさんと約束していたから，『無理』と答えました。そしたら，Aさんが『もう遊	提示 リスの言い方 「リスの言い方」では，自分の言いたいことが伝わらず，自分を大切にすることができないことを確認する。 提示 オオカミの言い方 「オオカミの言い方」では，お互いの言いたいことが伝わらず，お互いを大切にすることができないことを確認する。

		ばない』と言うから、ぼくは怒ってAさんとけんかになりそうでした」 教示者「Aさん、いま、どんな気持ちですか？」 Aさん「Bさんに『無理』と言われて嫌な気持ちになりました。だから、ぼくも言い返してしまいました」 BさんやAさんのように「オオカミの言い方」をすると、言いたいことが伝わりません。また、自分を大切にすることもできないし、お互いに嫌な気持ちになってしまいますね。 では、次の場面を見てみましょう。	
2	モデリング	【主張的な断り方のモデル：「わたしの言い方」】 Aさん「昼休みに鬼ごっこをしよう」 Bさん「ごめん。Cさんと鉄棒をする約束をしているの。だから、鬼ごっこはできないよ」 Aさん「そう」 Bさん「明日、一緒に遊ぼう」 Aさん「うん。わかった。明日ね」 Bさん「うん」（笑顔でAさんに手を振る） 2人ともにこにこしていましたね。Aさんに聞いてみます。 教示者「Bさんに『一緒に遊ぼう』とさそったら断られましたね。いま、どんな気持ちですか」 Aさん「Bさんは遊べないことを謝ってくれました。そして、遊べない理由を教えてくれ、『明日遊ぼう』と言ってくれました。明日遊ぶのが楽しみです」	提示 わたしの言い方 自分も相手も大切にした伝え方
3	言語的教示（インストラクション）	Bさんは、遊べないことを「わたしの言い方」でAさんに伝えたので、最後は2人ともうれしそうでした。 　さて、断り方を三つのモデルで見ました。上手に断るためには、「わたしの言い方」で伝えることが大切です。スキルは、①謝る②理由を言う③断る④代わりの意見を言う、です。このように言うと、自分も相手も大切にしながら断ることができます。 　みなさんも上手な断り方を身につけて、気持ちよく生活できるようにしていきましょう。また、以前学習した「仲間をさそう」「友達の話を上手に聴く」「やさしい頼み方をする」を思い出しながら、教室へ戻って練習を始めましょう。	提示 謝る 理由を言う 断る 代わりの意見を言う ○自分も相手も大切にした伝え方についてふれる。 既習の内容を掲示して想起させる。

↓

教室へ移動してリハーサルを行う。

学級での学びの進め方　低学年　―9. 上手な断り方を身につけよう―

1　リハーサル（1）とフィードバック
【「昼休みに一緒に遊ぼう」とさそわれる場面】
◎教室に戻ったら，すぐにリハーサルを開始する。
・次のものを拡大して提示し，必要に応じて活用する。

> ・ロールプレイの3ステップ（P.34）
> ・自分も相手も大切にした伝え方（P.41）

○2人組で，さそう友達，さそわれるわたしの役を決める。
・初めは人間関係等を考慮して，教師が意図的に2人組をつくるようにする。
○役は交互に行う。
○教師の「昼休みになりました」の合図でリハーサルを開始する。
○ロールプレイの3ステップで練習する。
・「自分も相手も大切にした伝え方」を活用する。
○代表が練習の成果を発表する。
・①謝る②断る理由を言う③断る④代わりの意見を言う，ができていることをほめる（フィードバック）。

シナリオ

友達	「昼休みに鬼ごっこをしよう！」
わたし	「ごめん。○○さんと鉄棒をするから，鬼ごっこはできないよ」
友達	「そう」
わたし	「明日，一緒に遊ぼう」
友達	「うん。わかった」

2　リハーサル（2）とフィードバック
【「一輪車を貸して」と頼まれる場面】
○2人組で，頼む友達，頼まれるわたしの役を決める。
○ロールプレイの3ステップで練習する。
○「自分も相手も大切にした伝え方」を活用する。
・一輪車を用意する。
○代表が練習の成果を発表する。
・教師が，断られた「友達」役の子にインタビューし，嫌な気持ちになっていないことを確認する（フィードバック）。

シナリオ

	一輪車に乗る練習をしようとしていたら，友達がやってきました。
友達	「わたしにも貸して！」
わたし	「ごめん。これから練習するから，貸すことはできないよ」
友達	「そう」
わたし	「少し乗ったら，貸してあげるね」
友達	「ありがとう」

3　振り返り
○「ふりかえりカード」を使って学習を振り返る。
・心地よさを共有し，般化を促す。
◇「トライ・トライカード」の説明をする。

子ども用 〈低学年〉

リハーサル（1）
～「昼休みにいっしょにあそぼう」とさそわれる場面～

① おにごっこをしようとさそわれましたが、ほかの友だちとてつぼうをするやくそくをしています。

（友だち）昼休みにおにごっこをしよう！

② ごめん。○○さんとてつぼうをするから、おにごっこはできないよ。

そう。

③ 明日、いっしょにあそぼう。

うん。わかった。

〈シナリオ〉
おにごっこをしようとさそわれましたが、ほかの友だちとてつぼうをするやくそくをしています。

友だち　「昼休みにおにごっこをしよう！」
わたし　「ごめん。○○さんとてつぼうをするから、おにごっこはできないよ」
友だち　「そう」
わたし　「明日、いっしょにあそぼう」
友だち　「うん。わかった」

リハーサル（1）
～「一りん車をかして」とたのまれる場面～

① 一りん車にのるれんしゅうをしようとしていたら、友だちがやってきました。

わたしにもかして！

② ごめん。これかられんしゅうするから、かすことはできないよ。

そう。

③ 少しのったらかしてあげるね。

ありがとう。

〈シナリオ〉
一りん車にのるれんしゅうをしようとしていたら、友だちがやってきました。

友だち　「わたしにもかして！」
わたし　「ごめん。これかられんしゅうするから、かすことはできないよ」
友だち　「そう」
わたし　「少しのったら、かしてあげるね」
友だち　「ありがとう」

今日の学しゅうをふりかえり、気づいたことをはっぴょうしよう。

学級での学びの進め方　中学年　―9.上手な断り方を身につけよう―

教師用

1　リハーサル(1)とフィードバック
【掃除の時間に「机ふきを手伝って」と頼まれる場面】

◎教室に戻ったら、すぐにリハーサルを開始する。
・次のものを拡大して提示し、必要に応じて活用する。

> ・ロールプレイの3ステップ（P.34）
> ・自分も相手も大切にした伝え方（P.41）

○2人組で、頼む友達、頼まれるわたしの役を決める。
・初めは人間関係等を考慮して、教師が意図的に2人組をつくるようにする。
○役は交互に行う。
○教師の「いまは掃除の時間です」の合図でリハーサルを開始する。
・ロールプレイの3ステップで練習する。
・「自分も相手も大切にした伝え方」を活用する。
○「わたし」役が終わったら、「友達」役にいまの伝え方はどうだったか聞く（フィードバック）。
・①謝る②断る理由を言う③断る④代わりの意見を言う、についてしっかりと押さえさせる。

シナリオ

友達	「机をふくのを手伝って」
わたし	「ごめん。これから黒板消しをきれいにしてくるからできないよ。終わったら手伝うよ」
友達	「ありがとう」

2　リハーサル(2)とフィードバック
【授業中に「コンパスを貸して」と頼まれる場面】

○2人組で、頼む友達、頼まれるわたしの役を決める。
○役は交互に行う。
○教師の「コンパスで円をかきましょう」の合図でリハーサルを開始する。
○ロールプレイの3ステップで練習する。
・リハーサルに慣れてきたら、既習の内容「仲間をさそう」「相手の話をしっかり聴く」「やさしい頼み方をする」のスキルも行うことを指導する。
○それぞれの役割を演じたときの気持ちについてインタビューする（フィードバック）。
・代表のインタビューを見させ、上手な断り方をすると互いに嫌な気持ちにならないことを確認する。

シナリオ

友達	「コンパスを忘れちゃったから、貸して。お願い」
わたし	「ごめん。いま使っているから、貸してあげられないよ。これをかいてからでいいかな」
友達	「うん。わかった。じゃあ、後で貸して」
わたし	「うん。いいよ」

3　振り返り
○「ふりかえりカード」を使って学習を振り返る。
・心地よさを共有し、般化を促す。
◇「トライ・トライカード」の説明をする。

子ども用 〈中学年〉

リハーサル（1）
～「つくえふきを手伝って」とたのまれる場面～

① そうじの時間、黒板をきれいにしていたら、つくえをふくのを手伝ってほしいとたのまれました。

「つくえをふくのを手伝って。」

② 「ごめん。これから黒板消しをきれいにしてくるからできないよ。」

③ 「ありがとう。」
「終わったら手伝うよ。」

〈シナリオ〉
　そうじの時間、黒板をきれいにしていたら、つくえをふくのを手伝ってほしいとたのまれました。

友だち 「つくえをふくのを手伝って」
わたし 「ごめん。これから黒板消しをきれいにしてくるからできないよ。終わったら手伝うよ」
友だち 「ありがとう」

リハーサル（2）
～「コンパスをかして」とたのまれる場面～

① 授業中、コンパスを使っているときに、コンパスをかしてとたのまれました。

「コンパスを忘れちゃったから、かして。おねがい。」

② 「ごめん。いま使っているから、かしてあげられないよ。これをかいてからでいいかな？」
「うん。」

③ 「わかった。じゃあ、後でかして。」
「うん、いいよ。」

〈シナリオ〉
　授業中、円をかいているときに、コンパスをかしてとたのまれました。

友だち 「コンパスを忘れちゃったから、かして。おねがい」
わたし 「ごめん。いま使っているから、かしてあげられないよ。これをかいてからでいいかな？」
友だち 「うん。わかった。じゃあ、後でかして」
わたし 「うん。いいよ」

今日の学習をふりかえり、気づいたことを発表しよう。

学級での学びの進め方　高学年　―9. 上手な断り方を身につけよう―

1 リハーサル(1)とフィードバック

【自分の用事をすまそうとしていると「荷物運びを手伝って」と頼まれる場面】

◎教室に戻り,リハーサルを開始する。
・高学年では,子どもたち自身で断り方を考え,伝える練習をする。むずかしい場合は,中学年用を活用する。
・次のものを拡大して提示し,必要に応じて活用する。

・ロールプレイの3ステップ (P.34)
・自分も相手も大切にした伝え方 (P.41)

○2人組で,頼む友達,頼まれるわたしの役を決める。
・初めは人間関係等を考慮して,教師が意図的に2人組をつくるようにする。
○役は交互に行う。
○台本を見ながら,「　　　」に入れる言葉を考えて行わせる。
○教師の「リハーサル開始」の合図で始める。
○ロールプレイの3ステップで練習する。
・「自分も相手も大切にした伝え方」を活用する。
○それぞれの役を演じたときの気持ちについてインタビューする。
・「『友達』役,嫌な気持ちはしなかった」,「『わたし』役,断り方がわかっていると困らない」などの感想を取り上げる(フィードバック)。

シナリオ

友達　　「この荷物を運ぶのを手伝って」
わたし　①謝る。「　　　　　」
　　　　②理由を言う。「　　　　　」
　　　　③断る。「　　　　　」
　　　　④代わりの意見を言う。「　　　　　」

友達　　「わかった。ありがとう」
---

2 リハーサル(2)

【いくつか設定した場面から選んでリハーサルを行う】

○いろいろな場面のセリフを考えて練習する。
・選び方は,子どもの実態を考慮して決める。ペアで相談して選ぶ,あるいは教師がそれぞれの場面を紙片に書き,それをくじにして選ぶなどの方法がある。
・修正が必要な場合,フィードバックの仕方を指導する。(否定せず,具体的な修正箇所を提示する。)
○時間に余裕があったら,それぞれの役割を演じたときの気持ちについてインタビューする。
・①謝る②断る理由を言う③断る④代わりの意見を言う,についてしっかりと押さえさせる。

選択する場面

○「帰ってから遊ぼう」とさそわれる場面
○買ったばかりの漫画本を「貸して」と頼まれる場面
○食器類を返却する給食当番の仕事を「代わりに返してきて」と友達に頼まれる場面
○友達に「委員会の仕事なんていいから,遊びに行こう」とさそわれる場面
○<ペアで場面を考える>
　(子どもが場面を設定することができるようなら,ペアで考えさせるなど,実態に応じて行わせる。)

3 振り返り

○「ふりかえりカード」を使って学習を振り返る。
・心地よさを共有し,般化を促す。
◇「トライ・トライカード」の説明をする。

子ども用 〈高学年〉

リハーサル（1）
～「荷物運びを手伝って」とたのまれる場面～

① 委員会の仕事をしようとしていたら，荷物を運ぶのを手伝ってほしいとたのまれました。

「この荷物を運ぶのを手伝って。」

② （①謝る）
（②理由を言う）
（③断る）

③ （④代わりの意見を言う）
「わかった。ありがとう。」

〈シナリオ〉
　委員会の仕事をしようとしていたら，荷物を運ぶのを手伝ってほしいとたのまれました。

友だち　「この荷物を運ぶのを手伝って」
わたし　①謝る。　　　　「　　　　　　」
　　　　②理由を言う。「　　　　　　」
　　　　③断る。　　　　「　　　　　　」
　　　　④代わりの意見を言う。「　　　　　　」
友だち　「わかった。ありがとう」

リハーサル（2）
～いろいろな場面～

① 「帰ってから遊ぼう」とさそわれました。

② 買ったばかりのまん画本を「かして」とたのまれました。

③ 食器類を返きゃくする給食当番の仕事を，「代わりに返してきて」とたのまれました。

④ 友だちに「委員会の仕事なんていいから，遊びに行こう」とさそわれました。

⑤ 断る場面を自分たち（ペア）で考えてみましょう。
場面：

今日の学習をふりかえり，気づいたことを発表しよう。

| 上手な断り方を身につけよう |

ふりかえりカード

年	組	名前

1 全校で，お話を聞いたり，げきを見たりしました。わかったことや気づいたことは何ですか。

....
....
....

2 教室で，「上手な断り方」の練習をしました。次のことはできましたか。あてはまるものに○をつけましょう。

(1) 断る理由を伝えることができましたか。

| ① できた | ② 少しできた | ③ あまりできなかった | ④ できなかった |

(2) 相手の目を見て断ることができましたか。

| ① できた | ② 少しできた | ③ あまりできなかった | ④ できなかった |

3 教室で「上手な断り方」の練習をして，思ったことや感じたことを書きましょう。

....
....
....

9. 上手な断り方を身につけよう

トライ・トライカード
「上手（じょうず）な断（ことわ）り方（かた）」

年（ねん） 組（くみ）	名前（なまえ）

「上手な断り方」ができたら，カードに書（か）きましょう。また，「上手な断り方」をしている友（とも）だちを見（み）かけたら，カードに書いてしょうかいしましょう。

＊自分（じぶん）をふりかえって

日（ひ）にち	できごと
月（がつ） 日（にち）	
月 日	
月 日	
月 日	

＊しょうかいします

友だちの名前	できごと
年　組	

10. 不平・不満の言い方を身につけよう

〈不平・不満の言い方〉
- まず、深呼吸
- 不平・不満の事実を伝える
- 「わたしの言い方」で伝える
- 気持ちや困っていることを伝える
- 提案があれば述べる
- 「次からは〜してほしいな」

NG
- リスの言い方
- オオカミの言い方

不平・不満は言ってもいいの？
⇩
○自分を大切にするためには伝えなければならないときがあります。
○相手を大切にする気持ちをもって伝えましょう。

【コマ1】本をかしてくれてありがとう。で，でも，あのさ，かりていた本をよごしてしまったんだ。ごめんね。／え—。

【コマ2】深呼吸　スー　すって…　ハー　はいて…

【コマ3】汚しちゃったんだね。大事にしていた本だから，すごく悲しいよ。／ごめんね。

【コマ4】今度は気をつけてね。／うん，ほんとうにごめんね。

ねらい
○不平や不満があるときは，自分の考えや気持ちを「わたしの言い方（主張的な言い方）」で伝えることが大切であることを理解する。（知識）
○不平や不満の言い方を身につける。（技能）

10. 不平・不満の言い方を身につけよう

学習の流れ

全校での学び 15分　⇨ P.154～155

1　モデリング（1）
　○好ましくないモデル（汚された本を返される場面）を示す。
　・お気に入りの本を汚され，自分の嫌な気持ちをうまく伝えられないわたし役の様子や，きつい言い方をされた相手役が怒ってしまう様子をわかりやすく表現する。
　○わたし役が元気をなくしたのは，自分の嫌な気持ちを相手に伝えられなかったことが原因であることを伝える。
　○相手役が怒ったのは，わたし役の乱暴な言い方が原因であることを伝える。
　○わたし役が最後まで自分の気持ちを伝えたり，相手役が怒らず話を聞くことができるように，わたし役に「魔法のカード」を渡す。

2　モデリング（2）
　○好ましいモデル（汚された本を返される場面）を示す。
　・わたし役が不平・不満を三つの言い方で伝える。

3　言語的教示（インストラクション）
　○カードにはどんなことが書いてあるかを考えさせながら，四つのスキルを確認する。

学級での学び 30分　⇨ P.156（低学年），P.158（中学年），P.160（高学年）

1　リハーサル（1）とフィードバック
　＜全学年＞　汚された本を返される場面　シナリオは拡大，児童数分印刷などの準備をする。

2　リハーサル（2）とフィードバック
　＜低学年＞　遊ぶ約束をしたのに忘れられてしまった場面
　＜中学年＞　友達に勝手にはさみを使われた場面
　＜高学年＞　友達が給食当番をやらずに遊んでいた場面

3　振り返り
　○「ふりかえりカード」を用いて，学習の振り返りを行う。←教師の働きかけで
　○「ふりかえりカード」の記入をもとに感想を発表し合う。
　○「ストレスすっきりカード」の説明。
　・「これから2週間，不平・不満の言い方をマスターするために『ストレスすっきりカード』を使って練習します」
　・慣れるまでは，1日の生活の中で不平・不満が出てきそうな場面がなかったかをクラス全員で確認し合い，適切な言い方ができたかを振り返る。

一人一人の学び

般化
　○毎日，帰りの会で「ストレスすっきりカード」を使って振り返る。カードを使わずに，話し合いで振り返ってもよい。
　○金曜日に1週間の振り返りを行い，取組みが終わった後も続けることを確認する。

ワークシート→P.162～163

全校での学びの進め方 ―10.不平・不満の言い方を身につけよう―

	教師の働きかけ	留意点など
1 モデリング(1)	友達と一緒に活動していると，相手から嫌な気持ちにさせられることがあるよね。この気持ちを「不平・不満」といいます。今日はこの気持ちをどうやって相手に伝えたらよいか学習します。最初に，劇を見てください。 【好ましくないモデル：「リスの言い方」】 　Aさんは，友達に大事にしている本を貸してあげましたが，その本を汚されてしまいました。 　友達の言葉でAさんはどんな気持ちになるでしょう。 > 友達　「本を貸してくれてありがとう。で，でも，あのさ，借りていた本を汚してしまったんだ。ごめんね」 > Aさん　「……うん」 > 友達　「よかったぁ～。許してくれて」（帰っていく） > Aさん　（友達が帰ってから）「はぁ～」 　友達は，許してもらってうれしそうに帰っていきました。Aさんは不満そうな顔をしています。 　教示者　「Aさん，ほんとうにそれでよかったんですか？」 　Aさん　「ほんとうは，とても大事な本だから嫌だったんだけど，嫌われちゃうと思ったから何も言えなかったよ」 　Aさんは大切な本を汚されて嫌な気持ちを伝えていないですね。このままだとAさんのストレスがたまってしまいますね。これは，「リスの言い方」です。 　2つ目の劇を見てください。今度は，Aさんの言葉で友達がどんな気持ちになるでしょう。 【好ましくないモデル：「オオカミの言い方」】 > 友達　「本を貸してくれてありがとう。で，でも，あのさ，借りていた本を汚してしまったんだ。ごめんね」 > Aさん　「え～，何考えてんだよ。ばかじゃねえ。汚さないって言っただろ」（本をひったくる） > 友達　「あやまっているのにそんな言い方はないだろ！」 　大事な本を汚されてしまったAさんの気持ちはわかりますか。友達に聞いてみます。 　教示者　「Aさんの言葉でどんな気持ちになりましたか？」 　友達　「本を汚して悪いなぁと思っていたけど，あんな言い方	「不平・不満の言い方を身につけよう」を提示する。 **提示** 〈不平・不満の言い方〉 観察するところ （Aさんの気持ち） 板書イメージ ⇨ P.152 マイク用意（インタビュー用） **提示** リスの言い方 観察する視点 （友達の気持ち）

	をされると逆にこっちが腹が立ってきました」 友達も怒っています。こんな言い方では，仲よくできませんね。これは，「オオカミの言い方」です。 　ここに不平・不満を言うことができる4枚の「魔法のカード」があります。これを1枚ずつ渡すので，Aさんにはカードに書いてあることを守って，不平・不満を友達に伝えてもらいます。Aさんも友達も納得できるような言い方ができるでしょうか？ 　みなさんはこのカードにどんな言葉が書いてあるか考えながら，三つめの劇を見てください。	提示 オオカミの言い方
2 モデリング(2)	【好ましいモデル：「わたしの言い方」】 友達　「本を貸してくれてありがとう。で，でも，あのさ，借りていた本を汚してしまったんだ。ごめんね」 Aさん　（深呼吸）「大事にしていたんだけど……」 　　　（汚れを見ながら）「どうして汚れちゃったの？」 友達　「夢中になって読んでいたら，ジュースをこぼしてしまって」 Aさん　「汚してしまったんだね。とても悲しいよ。でも，わざとじゃないよね」 友達　「うん。ごめんね」 Aさん　（間をあけて）「今度は気をつけてね」 友達　「ほんとうにごめんね」	
3 言語的教示（インストラクション）	どうでしたか。不平・不満の言い方をもう一度見てみましょう。 ①まず，深呼吸 　思ったまま言わないように，気持ちを落ち着かせます。 ②不平・不満の事実を伝える（低：嫌だと思ったことを伝える） 　大事にしていた本を汚され，不満に思ったことを伝えていますね。 ③自分の気持ちや困っていることを伝える（低：そのとき思ったことを伝える） 　本を汚されて悲しいということを伝えていますね。 ④提案があれば述べる（低：してほしいことを述べる） 　次からは気をつけてほしいと提案していますね。 　これが不平・不満の言い方です。「わざとじゃないよね」など相手を思いやる言葉をつけ足せると，さらによいですね。 　では，教室に戻って不平・不満を上手に伝える練習をしましょう。	動作を止めて，カードを見せる。 教示者が，リモコンで一時停止にする感じで。 提示 まず、深呼吸 不平・不満の事実を伝える 気持ちや困っていることを伝える 提案があれば述べる

↓

教室へ移動してリハーサルを行う。

学級での学びの進め方　低学年　－10. 不平・不満の言い方を身につけよう－

1　リハーサル（1）とフィードバック
【汚された本を返される場面】
◎教室に戻ったら、すぐにリハーサルを開始する。
・次のものを拡大して提示し、必要に応じて活用する。

- ロールプレイの3ステップ（P.34）
- 自分も相手も大切にした伝え方（P.41）

○2人組で「わたし」「友達」の役を決める。
・深呼吸は、意識して大きな動作で行うように促す。
○わたし役が本を読んでいるところに、友達役が借りていた本を持ってくるところから始める。
○役を交代して行う。
○わたし役のよかったところを伝える（フィードバック）。

シナリオ

友達	「本を貸してくれてありがとう。で、でも、あのさ、借りていた本を汚してしまったんだ。ごめんね」
わたし	「えー」 （深呼吸）…スキル① 「汚しちゃったんだね」 （事実の確認）…スキル② 「大事にしていた本だから、すごく悲しいよ」 （嫌だと思ったことを伝える）…スキル③
友達	「ごめんね」
わたし	（間をあけて） 「今度は気をつけてね」 （してほしいこと）…スキル④
友達	「ほんとうにごめんね」

2　リハーサル（2）とフィードバック
【遊ぶ約束をしたのに忘れられてしまった場面】
○2人組でわたし役、友達役を決める。
○わたし役は、元気がなさそうな感じで友達役に近づく。
○役割を交代して行う。
○練習の成果を発表する。
・教師がそれぞれの役にインタビューする（フィードバック）。
・自分も相手も大切にした伝え方をすると、お互いに嫌な気持ちにならないことを確認する。

シナリオ

わたし	（うつむきながら）
友達	「○○さん、おはよう」
わたし	「おはよう」（元気なく） （深呼吸）…スキル① 「○○さん、昨日遊ぶ約束していたよね」（事実の確認）…スキル②
友達	「あっ、ごめん。忘れてた」
わたし	「独りぼっちでさみしかったよ」 （嫌だと思ったこと）…スキル③ 「今度から忘れないでね。」（提案） …スキル④
友達	「ほんとうにごめんね」

3　振り返り
○「ふりかえりカード」を使って学習を振り返る。
・心地よさを共有し、般化を促す。
◇「ストレスすっきりカード」の説明をする。

子ども用 〈低学年〉

リハーサル（1）
～よごされた本を返される場面～

① 友だちにだいじな本をかしたら、よごされて返ってきました。

② しんこきゅう

③ よごしちゃったんだね。だいじにしていた本だから、すごくかなしいよ。

④ こんどは気をつけてね。

リハーサル（2）
～あそぶやくそくをしたのに、わすれられてしまった場面～

① きのう、あそぶやくそくをしていたのに、友だちは来ませんでした。次の日の朝、学校でその友だちと会いました。

② しんこきゅう

③ ○○さん、きのう、あそぶやくそくしていたよね。

④ ひとりぼっちでさみしかったよ。こんどからわすれないでね。

〈シナリオ〉
　友だちにだいじな本をかしたら、よごされて返ってきました。

友だち　「本をかしてくれてありがとう。で、でも、あのさ、かりていた本をよごしてしまったんだ。ごめんね」
わたし　「えー」
　　　　（しんこきゅうしてから）「よごしちゃったんだね。だいじにしていた本だから、すごくかなしいよ」
友だち　「ごめんね」
わたし　（間をあけて）「こんどは気をつけてね」
友だち　「ほんとうにごめんね」

〈シナリオ〉
　きのう、あそぶやくそくをしていたのに、友だちは来ませんでした。次の日の朝、学校でその友だちと会いました。

わたし　（うつむきながら友だちに近づく。）
友だち　「○○さん、おはよう」
わたし　「おはよう」（元気なく）
　　　　（しんこきゅうしてから）「○○さん、きのうあそぶやくそくしていたよね」
友だち　「あっ、ごめん。わすれてた」
わたし　「ひとりぼっちでさみしかったよ。こんどからわすれないでね」
友だち　「ほんとうにごめんね」

今日の学しゅうをふりかえり、気づいたことをはっぴょうしよう。

教師用 学級での学びの進め方　中学年　―10. 不平・不満の言い方を身につけよう―

1　リハーサル（1）とフィードバック
【汚された本を返される場面】
◎教室に戻ったら，すぐにリハーサルを開始する。
・次のものを拡大して提示し，必要に応じて活用する。

> ・ロールプレイの3ステップ（P.34）
> ・自分も相手も大切にした伝え方（P.41）

○2人組で「わたし」「友達」の役を決める。
○わたし役が本を読んでいるところに，友達役が借りていた本を持ってくるところから始める。
・深呼吸は，意識して大きな動作で行うように促す。
○「友達」役は，「わたし」役のよかったところを伝える（フィードバック）。
○役を交代して行う。

シナリオ

友達	「本を貸してくれてありがとう。で，でも，あのさ，借りていた本を汚してしまったんだ。ごめんね」
わたし	「えー」 （深呼吸）…スキル① 「汚しちゃったんだね」 （事実の確認）…スキル② 「大事にしていた本だから，すごく悲しいよ」 （自分の気持ちや困っていることを伝える）…スキル③
友達	「ごめんね」
わたし	（間をあけて） 「今度は気をつけてね」 （提案）…スキル④
友達	「ほんとうにごめんね」

2　リハーサル（2）とフィードバック
【友達に勝手にはさみを使われた場面】
○2人組でわたし役，友達役を決める。
○友達役が黙って借りていたはさみを机の上に戻す場面から始める。
○「友達」役は，「わたし」役のよかったところを伝える（フィードバック）。
○役を交代して行う。

シナリオ

友達	（借りていたはさみをわたしの机の上に戻す）
わたし	（深呼吸）…スキル① 「○○さん，黙って持っていったでしょ」（事実の確認）…スキル② 「それ，わたしのはさみだよ」 「黙って使われるのは嫌だな」 （嫌だと思ったこと）…スキル③ 「ひとこと言ってから使ってよ」（提案）…スキル④
友達	「あっ，ごめん。次からはそうするよ」
わたし	「うん」

3　振り返り
○「ふりかえりカード」を使って学習を振り返る。
・心地よさを共有し，般化を促す。
◇「ストレスすっきりカード」の説明をする。

子ども用 〈中学年〉

リハーサル（1）
～よごされた本を返される場面～

① 友だちに大事な本をかしたら，よごされて返ってきました。
- 友だち：「本をかしてくれてありがとう。で，でも，あのさ，借りていた本をよごしてしまったんだ。ごめんね。」
- わたし：「えー。」

② 深呼吸（スー→ハー）

③ 「よごしちゃったんだね。大事にしていた本だから，すごく悲しいよ。」
- 友だち：「ごめんね。」

④ 「今度は気をつけてね。」
- 友だち：「ほんとうにごめんね。」

〈シナリオ〉
　友だちに大事な本をかしたら，よごされて返ってきました。

友だち　「本をかしてくれてありがとう。で，でも，あのさ，借りていた本をよごしてしまったんだ。ごめんね」
わたし　「えー」
　　　　（深呼吸してから）「よごしちゃったんだね。大事にしていた本だから，すごく悲しいよ」
友だち　「ごめんね」
わたし　（間をあけて）「今度は気をつけてね」
友だち　「ほんとうにごめんね」

リハーサル（2）
～友だちに勝手にはさみを使われた場面～

① 友だちが，だまって借りていたわたしのはさみを，わたしのつくえの上にもどしていました。

② 深呼吸（スー→ハー）

③ 「○○さん，だまって持っていったでしょ。それ，わたしのはさみだよ。だまって使われるのはいやだな。ひとこと言ってから使ってよ。」

④ 「あっ，ごめん。次からはそうするよ。」
- わたし：「うん。」

〈シナリオ〉
　友だちが，だまって借りていたわたしのはさみを，わたしの机の上にもどしていました。

友だち　（借りていたはさみをわたしの机の上にもどす。）
わたし　（深呼吸してから）
　　　　「○○さん，だまって持っていったでしょ。
　　　　それ，わたしのはさみだよ。
　　　　だまって使われるのはいやだな。
　　　　ひとこと言ってから使ってよ」
友だち　「あっ，ごめん。次からはそうするよ」
わたし　「うん」

今日の学習をふりかえり，気づいたことを発表しよう。

教師用 学級での学びの進め方　高学年　―10. 不平・不満の言い方を身につけよう―

1　リハーサル（1）とフィードバック
【汚された本を返される場面】
◎教室に戻ったら，すぐにリハーサルを開始する。
・次のものを拡大して提示し，必要に応じて活用する。

> ・ロールプレイの3ステップ（P.34）
> ・自分も相手も大切にした伝え方（P.41）

○2人組でわたし役，友達役を決める。
○わたし役が本を読んでいるところに，友達役が借りていた本を持ってくるところから始める。
・深呼吸は意識して大きな動作で行うように促す。
○ロールプレイの後，お互いの気持ちを伝え合う（フィードバック）。
○役を交代して行う。

シナリオ

友達	「本を貸してくれてありがとう。で，でも，あのさ，借りていた本を汚してしまったんだ。ごめんね」
わたし	「えー」 （深呼吸）…スキル① 「汚しちゃったんだね」 （事実の確認）…スキル② 「大事にしていた本だから，すごく悲しいよ」 （自分の気持ちや困っていることを伝える）…スキル③
友達	「ごめんね」
わたし	（間をあけて） 「今度は気をつけてね」 （提案）…スキル④
友達	「ほんとうにごめんね」

2　リハーサル（2）とフィードバック
【友達が給食当番をやらずに遊んでいた場面】
○場面を理解してシナリオを考える。
○2人組でシナリオを見せ合う。わたし役，友達役を決め，わたし役のシナリオでリハーサルを行う。
○友達役は体育館で遊んでいる。わたし役が走って呼びにいくところから始める。
○役割交代をし，相手のシナリオでリハーサルを行う。
○お互いのシナリオについて感想を伝え合う（フィードバック）。

シナリオ

わたし	（息を切らしながら）
わたし	（深呼吸）…スキル①
わたし	「〇〇さん，給食当番だよね」 （事実の確認）…スキル② 「人数がたりないと大変だよ」（困っていることを伝える）…スキル③
友達	「あっ，ごめん。忘れてたよ」
わたし	「じゃあ，教室に戻ってやろうよ」 （提案）…スキル④
友達	「うん，わかった」

3　振り返り
○「ふりかえりカード」を使って学習を振り返る。
・心地よさを共有し，般化を促す。
◇「ストレスすっきりカード」の説明をする。

子ども用 〈高学年〉

リハーサル（1）
～よごされた本を返される場面～

① 友だちに大事な本を貸したら，よごされて返ってきました。
  - 友だち「本を貸してくれてありがとう。で，でも，あのさ，借りていた本をよごしてしまったんだ。ごめんね。」
  - わたし「えー。」

② 深呼吸（スー→ハー）

③ 「よごしちゃったんだね。大事にしていた本だから，すごく悲しいよ。」
  - 友だち「ごめんね。」

④ 「今度は気をつけてね。」
  - 友だち「ほんとうにごめんね。」

〈シナリオ〉
　友だちに大事な本をかしたら，よごされて返ってきました。

友だち　「本を貸してくれてありがとう。で，でも，あのさ，
　　　　　借りていた本をよごしてしまったんだ。ごめんね」
わたし　「えー」
　　　　（深呼吸してから）「よごしちゃったんだね。大事にしていた本だから，すごく悲しいよ」
友だち　「ごめんね」
わたし　（間をあけて）「今度は気をつけてね」
友だち　「ほんとうにごめんね」

リハーサル（2）
～友だちが給食当番をやらずに遊んでいた場面～

① 友だちが，給食当番の仕事をしないで，体育館で遊んでいます。

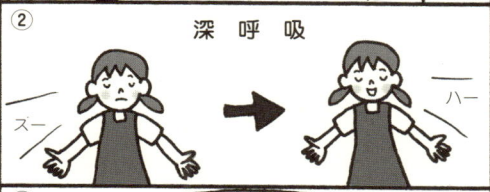

② 深呼吸（スー→ハー）

③ （セリフ空欄）

④ （セリフ空欄）

〈シナリオ〉
　友だちが，給食当番の仕事をしないで，体育館で遊んでいます。

わたし　（息を切らしながら）
わたし　（深呼吸してから）
わたし　「○○さん，給食当番だよね。
　　　　　人数がたりないと大変だよ」
友だち　「あっ，ごめん。忘れてたよ」
わたし　「じゃあ，教室にもどってやろうよ」
友だち　「うん，わかった」

今日の学習をふりかえり，気づいたことを発表しよう。

不平・不満の言い方を身につけよう
ふりかえりカード

年	組	名前

1 全校で，お話を聞いたり，げきを見たりしました。わかったことや気づいたことは何ですか。

------

2 教室で，「不平・不満の言い方」の練習をしました。次のことはできましたか。あてはまるものに○をつけましょう。

(1) 不平や不満に思うことを伝えることができましたか。

　　① できた　　② 少しできた　　③ あまりできなかった　　④ できなかった

(2) 自分の気持ちや困っていることを伝えることができましたか。

　　① できた　　② 少しできた　　③ あまりできなかった　　④ できなかった

3 教室で「不平・不満の言い方」の練習をして，感じたことや思ったことを書きましょう。

------

10. 不平・不満の言い方を身につけよう

ストレスすっきりカード
「不平・不満の言い方を身につけよう」

年	組	名前

その日，学校で友だちとすごしていて，「困ったなあ・いやだなあ」ということはなかったですか。もしあったら，その気持ちをどんなふうに伝えましたか。ふりかえって書いてみましょう。

月・日	いやなこと 困ったことが	あった場合，どんなふうに伝えたか。	伝え方の ふりかえり
	あった なかった		
	あった なかった		
	あった なかった		
	あった なかった		
	あった なかった		

よくできた◎　できた○　たぶん△　だめ×

＊取組みをふりかえって，感想を書きましょう。

これで入学式がより楽しみに！
コラム　新1年生にソーシャルスキルを伝えよう
～実践の記録～

　いま，キャリア教育が叫ばれている。それとともに「職業体験学習」が盛んに行われるようになってきている。
　本実践は，地域の保育園での「職業体験学習」に端を発する。お世話になった保育園に何ができるか。子どもたちなりの答えが「新しく1年生になる保育園児に自分たちが学んだソーシャルスキルを教えてあげること」であった。最初は，保育園へのお礼として始まった活動。しかしながら，いままで学習したソーシャルスキルをあらためて思い出しながら，新1年生にとって必要なスキルは何かを一生懸命考えていた。「自分たちが学んだ知識を再構築する」，そのことが般化にはとても大事なことなのではないかと思い始めた。本章では，その実践の計画と記録を紹介する。

1　ねらい
○無償で働くボランティア活動の重要さを理解させる。
○コミュニケーション能力を育てる。
○表現力を育てる。
○新1年生が小学校への期待感をもてるようにする。

2　方法
○A・Bの2グループに分け，活動を交互に行う。（2日に分けて実施）
　①一人一人が自分の役割を果たすことができるように少人数で実施するため。
　②あまり大人数で訪問すると，相手に迷惑をかけると予想したため。
○一方のグループが活動中は，これまでの総合的な学習の時間をまとめる活動とする。
　（ホームページ作り）
○事前学習は，伝える内容について吟味し，園児にも理解できるように十分に練習する。

3　留意点
○笑顔を絶やさず交流する。
○常に「あたたかいメッセージ」を伝えることを意識する。
○振り返りをし，礼状を書く。

4　園児に伝える具体的なスキル
○それぞれのグループでの話し合いで決める。
○この実践では，1回目に「元気なあいさつ」，2回目に「わたしの言い方」を保育園児に伝えることとした。
※いままで学んだことを想起させるためにも，子どもたちに考えさせることが非常に重要である。

5　実践の様子
（内容）
①あいさつ
　「みなさん，こんにちは」（全員で）

「○○小学校の5年生です。今日は新1年生のみなさんに，小学校に入学してから役に立つことを紹介しにきました」（代表児童）
　　……笑顔で元気よく。この段階で手本を示すことが重要。
②体ほぐし：コーディネーション運動（担任）
　　「新6年生と新1年生のみんなで楽しく体を動かそう」
　　本来は親子で楽しむエクササイズを，新6年生を親役，新1年生を子ども役のペアで行った。馬乗り（ロデオ），ボクシングなど。
　笑顔が生まれた。また，新6年生が力をかげんしながら行うことで，すでに相手を気づかう様子が見られた。
③ソーシャルスキル紹介（新5年生）

> ＜展開例Ⅰ＞「わたしの言い方」【友達が読んでいる本を借りる場面】
> ・言語的教示（インストラクション）
> ・リス，オオカミ，わたしの言い方の順にモデリング
> 　（クイズ形式でモデリングに対して，どの言い方か当ててもらう）
> ・ロールプレイ（新6年生から「わたしの言い方」で本を借りる練習をする）

> ＜展開例Ⅱ＞元気なあいさつ【すれ違う際のあいさつ】
> ・言語的教示（インストラクション）
> ・モデリング（好ましくないモデル→好ましいモデル）
> ・ロールプレイ
> 　（あいさつゲーム：「朝」「昼」「帰り」の合図でその場面に合ったあいさつをする）

④ふれあい活動
　　新6年生が新1年生に剣玉を教えた。
　　「あたたかいメッセージ」を伝えることを意識しながら行った。
⑤あいさつ
　　「話の聞き方がすばらしかったです」（あたたかいメッセージを伝える。）
　　「みなさんが4月に小学校に入学するのを楽しみにしています」
　　「今日はありがとうございました。さようなら」

6　成果と課題
（成果）
①子どもが，入学してくる新1年生のソーシャルスキルのモデル（手本）になろうとしている。（子どもへのインタビューから）
②入学時には，「わたしの言い方」「オオカミの言い方」「リスの言い方」の意味がわかっている。
③訪問した翌日から，新1年生は教えてもらったスキルを積極的に使おうとしている。（保育士さん談）
④新1年生の小学校への不安感を少なくすることができる。入学時に知っているお兄さん・お姉さんがいる。
⑤新6年生にとって，4月からの活動において1年生に話しかけやすくなる。
　　特に女子は何も言わなくても，1年生と遊ぶことを楽しむようになる。非常にありがたいと保護者からも好評であった。
（課題）
①幼保小が日常的に連携している必要がある。また，子どもたち同士が交流している必要がある。
②保育園（幼稚園）の先生方にもソーシャルスキル学習を理解してもらう必要がある。

参考資料

河村茂雄・品田笑子・藤村一夫『いま子どもたちに育てたい学級ソーシャルスキル・小学校低学年～高学年』図書文化社，2007 年

河村茂雄『データが語る①学校の課題』図書文化社，2007 年

小林正幸・相川充『ソーシャルスキル教育で子どもが変わる』図書文化社，1999 年

佐藤正二・相川充『実践！ ソーシャルスキル教育・小学校』図書文化社，2005 年

伊佐貢一『「温かいメッセージ」のソーシャルスキル教育』明治図書出版，2008 年

Cheryl A.King・Daniel S.Kirschenbaum『子ども援助の社会的スキル』川島書店，1996 年

「竹俣のソーシャルスキル教育～あなたがよく私もよく～」『新発田市立竹俣小学校研究紀要』2007 年

伊佐貢一「学校規模のソーシャルスキル教育実践モデルの構築」上越教育大学学校教育実践研究センター，教育実践研究第 20 集記念誌，教育実践研究へのいざない，pp.30-39，2010 年

中央教育審議会答申「幼稚園，小学校，中学校，高等学校及び特別支援学校の学習指導要領等の改善について」2008 年

【編者紹介】

伊佐　貢一（いさ　こういち）

1959年新潟県生まれ。上越教育大学大学院・学校教育研究科（修士課程）学校教育専攻・生徒指導コース修了。新潟県公立小学校教諭，教頭，上越教育大学学校教育実践研究センター特任准教授，魚沼市立入広瀬小学校校長を経て，現在2014年より魚沼市教育委員会統括指導主事。上級教育カウンセラー，学校心理士，ガイダンスカウンセラー，学級経営スーパーバイザー。研究テーマ，学校規模のソーシャルスキル教育，学校規模で行う親和的な学級集団の育成，児童生徒の人間関係形成能力の育成など。著書，『「温かいメッセージ」のソーシャルスキル教育』明治図書，『集団の発達を促す学級経営　小学校中学年』（共編）図書文化社，『学級集団づくりエクササイズ　小学校』（分筆）図書文化社。

【執筆者紹介】

伊佐　貢一	新潟県魚沼市教育委員会	第1章・第2章1
藤城　貴子	新潟県弥彦村立弥彦小学校教諭	イラスト
宮崎由美子	元新潟県公立小学校教諭	第2章2
小林　英子	新潟県阿賀野市立保田小学校教諭	第2章3
関谷　晴代	新潟県長岡市立豊田小学校教諭	第2章4
井澤　弘子	新潟県柏崎市教育委員会	第2章5
秦野　真一	新潟県上越市立春日新田小学校教諭	第2章6
佐藤　綾子	新潟県阿賀野市立水原小学校教諭	第2章7
三田村尚子	新潟県妙高市立新井南小学校教諭	第2章8
大西　聡子	新潟県三条市立森町小学校教頭	第2章9
松本　茂行	新潟県小千谷市立千田小学校教諭	第2章10

（以上，執筆順，平成26年4月現在）

学級づくりがうまくいく
全校一斉方式ソーシャルスキル教育　小学校
－イラストいっぱいですぐできる指導案と教材集－

2014年8月20日　初版第1刷発行［検印省略］

編集者　　伊佐　貢一 ©
発行者　　福富　泉
発行所　　株式会社　図書文化社
　　　　　〒112-0012　東京都文京区大塚1-4-15
　　　　　Tel.03-3943-2511　Fax.03-3943-2519
　　　　　振替　東京 00160-7-67697
　　　　　http://www.toshobunka.co.jp/
印刷所　　株式会社　加藤文明社印刷所
製本所　　株式会社　村上製本所
装　幀　　中濱健治

ISBN978-4-8100-4648-9 C3037
乱丁・落丁本の場合はお取り替えいたします。
定価はカバーに表示してあります。